Aufgewachsen
in
SCHWERIN
in den *40er* und *50er* Jahren

IMPRESSUM

Bildnachweis:
Stadtarchiv Schwerin: S. 8, 12, 21, 22, 23, 24, 28, 29, 30, 31, 32, 33, 34, 35, 36, 38, 39, 43, 48, 50, 51, 55, 56, 58, 59; Landesbibliothek Mecklenburg-Vorpommern: S. 10, 47; Waltraud Leitzke, Leezen: S. 14, 15 li; Antiquariat Robert Loest, Schwerin: S. 61; Dieter Manthey, Schwerin. S. 41 li; ullstein: S. 19; ullstein-grimm: S. 22 re; ullstein-dpa: S. 25; ullstein-AKG-Pressebild: S. 40; ullstein-Schirner-X: S. 44
Alle anderen Abbildungen stammen aus dem Archiv des Autors.

Titelbild, Jungen- u. Mädchen-Motiv: Archiv Werner Richey; Stadtmotiv: Ernst Höhne

Weitere Bilder und Textfragmente wurden folgenden Publikationen entnommen:
Schwerin von 1160 bis 1960, Rat der Stadt Schwerin 1960, S. 26
Liebeserklärungen an Schwerin, Maria Weding 2004, S. 9

Literaturhinweise:
Dietrich Bartel, Ernst Höhne: Schwerin – Wir zeigen den Wandel. Wartberg Verlag 2002; Bernd Kasten, Jens-Uwe Rost: Schwerin. Geschichte der Stadt. Thomas Helms Verlag 2006; Reimer Wulf: Über den Dächern von Schwerin. Hinstorff Edition Konrad Reich 2006; Horst Zänger: Also dann, um acht beim Niederländer – Geschichten und Anekdoten aus dem alten Schwerin. Wartberg Verlag 2006; Horst Zänger: Im Rampenlicht – Künstler am Hof-, Landes- und Mecklenburgischen Staatstheater Schwerin. Books On Demand 2008.

Wir danken allen Lizenzträgern für die freundliche Abdruckgenehmigung. In Fällen, in denen es nicht gelang, Rechtsinhaber an Abbildungen zu ermitteln, bleiben Honoraransprüche gewahrt.

1. Auflage 2008

Layout: Ravenstein und Partner, Verden
Satz: Sislak Design Werbeagentur, Bad Soden-Salmünster
Druck: Bernecker MediaWare AG, Melsungen
Buchbinderische Verarbeitung: Buchbinderei Büge, Celle

34281 Gudensberg-Gleichen · Im Wiesental 1
Telefon: 05603/93050 · www.wartberg-verlag.de

ISBN: 978-3-8313-1899-5

Das Herz Schwerins: Der Alte Garten mit Dom, Staatstheater und Staatlichem Museum – vom Schloss aus gesehen.

Schwere, aber glückliche Jugendzeit!

Wir saßen noch im Kinderwagen, als unsere Mütter in den 40er Jahren mit uns durch die Schweriner Innenstadt oder den Schlosspark spazierten. Es war Krieg damals, doch Schwerin galt weithin als „bombensichere Stadt". Wir waren dabei, als mit der Kanne die Milch vom Kolonialwarenhändler geholt wurde oder sich beim Markt-Bäcker eine Schlange bildete. Das Pferdegetrappel der Droschkenkutsche am Arsenal und das Gebimmel der Straßenbahn – die fernen Klänge aus unserer Kindheit sind noch heute abrufbar.

Als Schwerin im Jahr 1944 dann doch noch stark bombardiert wurde, war es vorbei mit der ungestörten Kinderzeit. Bald besetzten nacheinander Amerikaner, Briten und Russen die Stadt. Oft erschien uns die damalige Versorgungslage angespannt bis aussichtslos. Zu Geld und Lebensmittelmarken wurden zusätzlich Glück, Ausdauer und Geduld gebraucht, um den Tisch zu decken. Was es im Laden nicht gab, wurde auf dem Schwarzmarkt gesucht, aber leider nicht immer gefunden. Auch wenn die Industrie noch am Boden lag, schnell erwachten in Schwerin Handel und das kulturelle Leben zu neuer Blüte. Das Staatstheater und die Kino-Säle in Capitol und Schauburg boten bald ein jeweils breites Programm. Die Erwachsenen arbeiteten damals sechs Tage in der Woche, vom Montag bis zum Sonnabend. Sie legten jeden ersparten Groschen für bessere Zeiten beiseite. Auch wenn der Kalte Krieg und die zunehmenden Spannungen zwischen den beiden deutschen Staaten vielen Sorgen bereiteten, so erlebte unsere Stadt doch weitgehend eine Zeit der Hoffnung und des Aufbruchs. Erinnern Sie sich, wie es war, damals in Schwerin?

Ulrich Grunert

Der Schweriner Dom (Postkarte aus dem Jahr 1940).

Babyboom mitten im Krieg

Wunschkinder waren wohl die wenigsten von uns. Dafür erschien unseren Eltern die Zukunft als zu ungewiss. Bereits seit 1939 tobte der Krieg. Die meisten Väter trugen Uniform, kämpften fern von zu Hause an einer der Fronten.

An der „Heimatfront“ in Schwerin war Rationierung angesagt, Lebensmittel wurden zugeteilt. Doch davon ahnten wir zum Glück wenig. Wir bekamen in unseren Kinderwagen noch nichts mit vom Krieg. Doch eines Tages war alles anders. Es schien, als läuteten die Glocken des Schweriner Doms Tag und Nacht. Nach dem siegreichen Frankreich-Feldzug hatte der Führer befohlen, die

Wunschkonzert. Der Babyboom war ein beliebtes Karikatur-Thema.

„Beflaggung des Reiches für zehn Tage und das Läuten der Glocken für sieben Tage“ durchzuführen. Und so geschah es. Da konnten einem schon die Ohren klingen. Auch auf der Entbindungsstation im Schweriner Anna-Hospital herrschte Hochbetrieb. Der Staat bot jedem jungen Paar ein Ehestandsdarlehen von 1000 Reichsmark an, das nach vier geborenen Kindern als getilgt galt. Das war bei den ständig sinkenden Reallöhnen eine Menge Geld und Grund genug für viele junge Schweriner Paare, am Babyboom teilzuhaben.

Sie prägten das Schweriner Stadtbild: Kinderwagen Anfang der 40er Jahre.

Chronik

20. Juli 1940
Erster Luftangriff auf Schwerin.

1. September 1941
Die Polizeiverordnung zum Tragen des Judensterns tritt in Schwerin in Kraft.

12. Juni 1942
Im Capitol startet unter großer Beachtung der UFA-Film „Die große Liebe“ mit Zarah Leander in der Hauptrolle.

18. Februar 1943
Reichspropagandaminister Joseph Goebbels erklärt den „totalen Krieg“. Das Schweriner Staatstheater muss daraufhin den Spielbetrieb einstellen.

4. und 25. August 1944
Ein amerikanischer Bomberverband bombardiert den Flugplatz in Görries, im benachbarten Dorf werden 81 Häuser beschädigt oder zerstört.

11. September 1944
Amerikanische Einheiten überschreiten nordwestlich von Trier die deutsche Reichsgrenze.

25. September 1944
Adolf Hitler ordnet die Aufstellung des „Volkssturmes“ an. Auch Schweriner Jugendliche und Senioren werden zum Wehrdienst herangezogen.

16. Januar 1945
Adolf Hitler zieht sich dauerhaft in den Führerbunker unter der Reichskanzlei zurück. Dort begeht er am 30. April Selbstmord.

7. April 1945
Vierte und verheerendste Bombardierung Schwerins.

Unvergesslich: Das Schweriner Schloss.

Mitten im Krieg, heile Welt

Seit am 1. September 1939 der Krieg begonnen hatte, war auch in Schwerin die Lebensmittelrationierung eingeführt worden. Waren für den täglichen Bedarf wurden nur noch gegen Lebensmittelmarken verkauft. Deren Ausgabe wurde streng überwacht. In den Dörfern im Schweriner Umland hatte eine scharfe Kontrolle der Schweinehaltung begonnen. Doch auch weiterhin wurden Schweine schwarz geschlachtet, dies war möglich durch die Mithilfe der örtlichen Hausschlachter. Eine weitere Anordnung war die Pflicht

Im Sommer immer barfuß!

zur Verdunkelung, um feindlichen Flugzeugen kein Ziel zu bieten. Für die Warnung vor Luftangriffen stand oft nur die Sirene der Feuerwehr zur Verfügung. In Schwerin heulten die Sirenen in der Nacht vom 20. zum 21. Juli 1940. Doch diesmal war es kein Probe-Alarm.

Der erste Luftangriff britischer Flieger zerstörte Häuser in der Severinstraße, sechs Schweriner kamen ums Leben. Doch danach blieben weitere Luftangriffe aus. So hatte Schwerin bald den Ruf, eine „bombensichere" Region zu sein. Die Einwohner der Stadt genossen das Stückchen „heile Welt" mitten im Krieg. Die Schönheit und Unversehrtheit der Schweriner Altstadt und des Schlossparks boten auch vielen Besuchern, Durchreisenden und in Schwerin stationierten Soldaten eine willkommene Gelegenheit, die Hektik und Ungewissheit des Krieges für eine Weile zu vergessen.

Schwerin und seine Seenlandschaft

Über Jahrhunderte hinweg hatte sich Schwerin als Residenz und Landeshauptstadt zum politischen und kulturellen Zentrum entwickelt. Leider war die Stadt wirtschaftlich nie so erfolgreich, wie sich das die Schweriner wünschten. Ausgerechnet die außergewöhnliche Lage der Stadt, eingebettet in eine zauberhafte Seenlandschaft, verhinderte größere Industrieansiedlungen. Insgesamt zwölf Seen befinden sich innerhalb des Stadtgebietes, geben der „Stadt der Seen und Wälder" ihren besonderen Charakter. Bis heute sind zahlreiche Wälder und Wasserflächen über das gesamte Stadtgebiet verteilt erhalten geblieben, 28,9 Prozent der Stadtfläche sind mit Wasser und 18,5 Prozent mit Wald bedeckt.

Tourismus-Werbeplakat 1940: See, Schloss und Dom werben für Schwerin.

Auf dem Wasser lässt sich leben!

Wassersport wurde seit jeher in Schwerin großgeschrieben. Egal ob Segeln, Rudern oder Schwimmen – unsere Familien nutzten mit Begeisterung das umgebende kühle Nass.

Bereits im Frühsommer wurde „angebadet". Kein Wunder, dass auch wir früh mit dem Wasser in Berührung kamen. So manche Schweriner Deern lernte sich eher im Wasser bewegen als laufen. Die Straßenbahn brachte an schönen Sommerwochenenden nicht nur die Einwohner der Stadt, sondern ganze Scharen von Ausflüglern an den schönsten Schweriner Strand. Die meisten Gäste kamen aus der näheren Umgebung und blieben nur tagsüber. Das wurmte den damaligen Oberbürgermeister Wilhelm Timmermann, der Schwerin als Tourismus-Zentrum ausbauen wollte. „Die vorhandenen Hotels genügen den Ansprüchen in keiner Weise", klagte er und forderte den Bau von modernen Hotels und Kaffeehäusern. Doch dafür war die Zeit noch nicht reif.

Wunderschöner Schlossgarten

Seit unserer Kinderzeit war der Schweriner Schlossgarten ein beliebtes Ausflugsziel, Spielplatz und Erholungsraum für alle Generationen. Doch das war nicht immer so. Die spätere Schweriner Ehrenbürgerin Bertha Klingberg zog im Kriegsjahr 1940 nach Schwerin. Ihre erste Begeg-

Wassersport wurde in Schwerin auch während des Krieges großgeschrieben.

nung mit dem Schlosspark hatte sie bereits im Jahr 1910: „In meiner Kindheit besuchte ich während der Ferien meine Tante in Schwerin. Der wunderschöne Rosengarten des Großherzogs zog mich magisch an und so kletterte ich eines Tages über den Zaun und roch an jeder einzelnen Rose. Ich liebte alle Rosen und erfreute mich an ihrem Duft. Doch eine wunderschöne gelbe Rose hat fürchterlich gestunken: Pfui, pfui, schäm dich, dass du stinkst, sagte ich da. Plötzlich legte sich eine Hand auf meine Schulter. Der Gartenwächter hatte mich entdeckt und stellte mich zur Rede: Ich beteuerte, nur Rosen geschnuppert zu haben. Das amüsierte den Wächter und er sagte: „Wenn du vorsichtig bist und die Rosen nicht beschädigst, darfst du in Zukunft den Garten besuchen, sooft du magst. Aber melde dich bitte am Eingangstor." Von nun an kam ich immer wieder in den Schlossgarten und schnupperte an den wunderschönen Rosen. So wurde Schwerin schließlich meine Heimatstadt." Wir brauchten uns über Wächter im Schlossgarten keine Sorgen zu machen, der Park war seit Abdankung des Großherzogs für alle Schweriner geöffnet.

Heute ist der über die hintere Seite der Schlossinsel erreichbare Garten ein Touristenmagnet. Der im Stil französischer Barockgärten angelegte Park beherbergt neben antiken Sandstein-Skulpturen ein beeindruckendes bronzenes Reiterdenkmal. Es zeigt Großherzog Friedrich Franz II., der das Schloss während seiner Regierungszeit umgestaltet hat.

Bertha Klingberg

Von den Schwerinern wurde sie liebevoll nur „die Blumenfrau" genannt. Bertha Klingberg sammelte im Jahr 1990 im reifen Alter von 91 Jahren 17 000 Unterschriften für die Ernennung ihrer geliebten Stadt Schwerin zur Landeshauptstadt Mecklenburg-Vorpommerns. Dafür erhielt sie 1993 als Erste und bisher Einzige den „Ehrenring der Landeshauptstadt Schwerin", 2002 wurde sie zur Ehrenbürgerin der Stadt ernannt. Besonders gefreut hat sich Bertha Klingberg über die Vergabe der Bundesgartenschau nach Schwerin. Ihren Wunsch, die BUGA 2009 zu eröffnen, konnte sie sich leider nicht mehr erfüllen. Bertha Klingberg verstarb in einem Schweriner Pflegeheim im Alter von 107 Jahren.

Berta Klingberg, hier im Alter von 105 Jahren, in ihrer berühmten „Rehnaer Tracht".

Beliebtes Wochenendvergnügen: Eine Schiffspartie vor dem Schweriner Schloss.

Ein Besuch im Märchenschloss

Ein Bild prägte sich uns seit frühester Kindheit ein: Es ist das Wahrzeichen Schwerins – das Schloss mit seinen 365 Türmen und Zinnen. Es war das beliebte Ziel der obligatorischen Sonntagsspaziergänge. Es war nicht nur die verwirrende Architektur und die exponierte Lage des Schlosses, die unsere kindliche Fantasie beflügelte.

Es gibt wohl kaum ein vergleichbares Gebäude, das als Vorlage für ein Märchenschloss besser geeignet wäre. Und so entfachte es unsere Gedanken auf wundersame Weise. Als Hort verwunschener Prinzessinnen und tapferer Ritter war die frühere Residenz der mecklenburgischen Herzöge bald auch Bestandteil unserer Träume. Später lernten wir in der Schule, dass das auf einer Insel im Schweriner See gelegene Schloss zu den bedeutendsten Bauten des Historismus in Europa zählt. Staunend standen wir mit unseren Großeltern im Thronsaal, dem prunkvollen Festsaal des Schlosses und beguckten die Ahnengalerie, die in lückenloser Reihenfolge die Porträts aller regierenden Herzöge der Dynastie Mecklenburgs vom 14. bis zum 18. Jahrhundert präsentierte.

Im Burggarten, der im Stil eines englischen Landschaftsgartens angelegt worden war, ließ sich prächtig laufen, tollen und staunen. Direkt vor dem Schloss liegt das kulturelle Zentrum Schwerins – der Alte Garten mit dem Mecklenburgischen Staatstheater und dem Staatlichen Museum. Auch hier verlebten wir in unserer Kinderzeit so manche unvergessliche Stunde.

Oma erzählt vom Petermännchen

Unsere Großeltern erzählten uns in unseren Kindertagen nicht nur die Märchen der Gebrüder Grimm. Auch eine bekannte Sagengestalt der Stadt wurde gern in eine Gutenachtgeschichte eingebaut. Das Schweriner „Petermännchen" hat nichts mit den berühmt-berüchtigten giftigen Fischen gleichen Namens zu tun. Es ist vielmehr der Schweriner Schlossgeist, der sein Zuhause in den Kellergewölben des Schlosses hat. Der gutmütige Kobold mit dem etwas grimmigen Gesichtsausdruck ist mit Laterne, Schwert und Schlüsselbund ausgerüstet und hat laut Überlieferung des Öfteren Diebe und Eindringlinge mit Plagen, Späßen und nächtlichem Poltern bestraft und in die Flucht getrieben. Selbst der berühmte Feldherr Wallenstein, der während des Dreißigjährigen Krieges eine Nacht im Schweriner Schloss verbrachte, wurde vom Petermännchen so arg gepiesackt, dass er am Morgen vollkommen übernächtigt die Flucht ergriff und die Stadt nach dieser Schreckensnacht nie wieder betreten hat.

Cecilie Auguste Marie

Superstar

Im Schweriner Schloss wuchs manche Berühmtheit heran, sie war unbestritten die populärste deutsche Kronprinzessin: Cecilie Auguste Marie Herzogin zu Mecklenburg-Schwerin wurde am 20. September 1886 im Schweriner Schloss als Tochter von Großherzog Friedrich Franz III. Paul Nikolaus Ernst Heinrich von Mecklenburg-Schwerin und Großfürstin Anastasia Michailowna Romanowa geboren. Die Ehefrau von Wilhelm von Preußen hatte bis 1918 den Rang der letzten Kronprinzessin des deutschen Kaiserreichs inne. Cecilie war das dritte und letzte Kind des Großherzogs und verlebte eine überaus glückliche Kindheit im Schweriner Schloss. Klug und künstlerisch interessiert, war sie durch ihre offene, ruhige Art sowohl am Hof als auch beim Volk außergewöhnlich beliebt. Nach dem Machtantritt der Nazis zog sich Cecilie weitgehend aus der Öffentlichkeit zurück, lebte auf Schloss Cecilienhof in Potsdam. Dort widmete sie sich ihrer Liebe zur Musik, veranstaltete Konzerte, auf denen befreundete Dirigenten und Musiker wie Wilhelm Furtwängler und der junge Herbert von Karajan auftraten. Als die Russen Potsdam eroberten, floh Cecilie mit wenigen Habseligkeiten. Sie verstarb verarmt und vergessen im Jahr 1954 in Bad Kissingen.

Cecilie Auguste Marie, Herzogin zu Mecklenburg-Schwerin.

Wir durchstreifen die Altstadt

Als wir in unserer Kindheit die Straßen und Gassen der Schweriner Altstadt durchstreiften, trugen viele ganz andere Namen als heutzutage. Die Namensgebung war geprägt vom jeweiligen Zeitgeist. So wurde beispielsweise der Marienplatz im Jahr 1843 nach der Schwester des Großherzogs Paul Friedrich benannt. Zuvor trug er die Bezeichnung „Vor dem Mühlenthor“. Im Jahr 1938 sorgten die Nazis für die Umbenennung in „Adolf-Hitler-Platz“. Nach Kriegsende erhielt der Platz den Namen zurück, den ihm vor hundert Jahren seine damalige Namensgeberin gab, ehe im Jahr 1950 aus dem „Marienplatz“ der „Leninplatz“ wurde.

Ein Verkehrsmittel faszinierte uns besonders: In der Nähe des Pfaffenteiches wartete Albert Heiden, der letzte Droschkenkutscher der Stadt auf seine Kundschaft. Seine Droschke Nummer 9 war als Einzige von ursprünglich über 50 in Schwerin betriebenen Pferdekutschen übrig geblieben.

Aufregend und beeindruckend war für uns auch das Treiben auf dem Schweriner Marktplatz. Bauern und fliegende Händler von nah und fern boten dort ihre frischen Waren an. Es gab immer etwas zum Sehen, Schmecken und Staunen. Gern machten wir auch einen Abstecher zum Schweriner Hauptbahnhof, bestaunten die prächtigen Dampflokomotiven und den grandiosen Brunnen der Schiffbrüchigen.

Wir waren gerne in der Stadt unterwegs.

Weithin sichtbares Wahrzeichen der Stadt: Der Schweriner Dom.

Ein Besuch im Dom

Ein Fels in der tosenden Brandung des Stroms der Zeit war der Schweriner Dom.
Ganze 721 Jahre liegen zwischen Grundsteinlegung und Fertigstellung des Doms, der mit seinen 117,5 Metern Höhe bis in unsere Tage hinein zur Liste der dreißig weltweit imposantesten Sakralbauten gehört.
Das Glockengeläut des weithin sichtbaren Dom-Turms weckte uns täglich. Seine fünf Glocken waren in Kriegszeiten bald als Kanonenfutter heiß begehrt. So mussten wir miterleben, dass drei Glocken für den „Endsieg" geopfert werden mussten. In dieser Zeit war der Dom für manche Familien ein Ort der Trauer und der Besinnung, denn viele Väter und Brüder der Stadt starben auf dem trügerischen „Feld der Ehre" oder später in Gefangenschaft. Die neugotische Kathedrale ist bis heute ein Treffpunkt für Menschen geblieben, die einen Moment der Ruhe und Besinnung suchen.
Unvergesslich sind uns die Konzerte der Domkantorei, die zu den Feiertagen große Chorwerke und Oratorien wie Bachs Weihnachtsoratorium oder Händels Messias zur Aufführung brachten. Dazu spielte die große Ladegast-Orgel, deren vier Manuale mit 84 Registern und 6000 Pfeifen eine grandiose Klangfülle erzeugte.

Die Schweriner Malschule

Die einzigartige Schweriner Stadt- und Seenlandschaft zog immer wieder talentierte Künstler an.
In der Schweriner Malschule wurden so bekannte Künstler wie Carl Hinrichs und Franz Bieg ausgebildet. Der Telegrapheninspektor Bieg war mit seinen naturalistischen Bildern damals auf der Mecklenburgischen Kunstausstellung im Landesmuseum erfolgreich. Sein „Eldekahn vor der Stadt Schwerin" gehört zu den Klassikern der einheimischen Landschaftsmalerei. Im September 1943 kehrte auch der Schweriner Maler Karl Hennemann in seine Heimatstadt zurück, nachdem sein Berliner Atelier einem Bombenangriff zum Opfer gefallen war. Hennemann bevorzugte Schweriner Winterlandschaften. Seine Bilder sind in halb Europa zu finden.

Schwerin als Abenteuerspielplatz

Da der Wohnkomfort noch nicht sehr entwickelt war, hieß das für unsere Mütter täglich früh aufstehen, in den Keller gehen und Kohlen holen. Zentralheizungen gab es in der Stadt selten. Lebensmittelpunkt in der kalten Jahreszeit war für uns die Küche – der einzige Raum, der durchgängig geheizt wurde und eine gewisse Gemütlichkeit ausstrahlte. In unseren Küchen ging der Herd nie ganz aus.

Schweriner Sommer auf dem Balkon – hier in der Friedrichstraße.

In vielen Wohnungen wurde es bald noch enger, ausgebombte Verwandte und Bekannte mussten untergebracht werden. Da war froh, wer im Sommer einen Platz auf dem Balkon finden konnte. Gern gingen wir mit unseren neuen Spielkameraden auf Erkundungsreise durch Schwerin. Die vielen Parks und Grünanlagen luden geradezu zum Spielen ein. Die Schweriner Innenstadt war ein echtes Kinderparadies, noch herrschte wenig Verkehr auf unserem Abenteuerspielplatz.

Spaziergang am Pfaffenteich.

Katrin Saß – hier gemeinsam mit ihrer Mutter Marga Heiden auf dem Schweriner Filmkunstfest.

Echt Schwerin

Katrin Saß, am 23. Oktober 1956 in Schwerin geboren, hatte als Mädchen nur den einen Traum: Schauspielerin zu werden. Genau wie ihre Mutter Marga Heiden. Doch die wollte, dass ihre Tochter einen anständigen Beruf erlernt. So wurde Katrin erst einmal Telefonistin. Heimlich bewarb sie sich trotzdem an der Schauspielschule in Rostock. Und hatte Erfolg. Noch während des Studiums wurde sie vom DEFA-Regisseur Heiner Carow entdeckt, der sie für die Hauptrolle in seinem Film „Bis dass der Tod euch scheidet" engagierte. Mit diesem Debüt avancierte sie zur gefragten Charakterdarstellerin. Katrin Saß spielte in erfolgreichen DEFA-Filmen wie „Die Verlobte" von Günther Rücker, „Bürgschaft für ein Jahr" von Herrmann Zschoche und den beiden Roland-Gräf-Filmen „Das Haus am Fluss" und „Fallada – Das letzte Kapitel". Parallel zu zahlreichen Kino- und Fernsehrollen nahm Katrin Saß feste Engagements an den Theatern Frankfurt/Oder, Halle und Leipzig wahr. Ihren bisher größten Erfolg hatte sie als Christiane Kerner im preisgekrönten internationalen Kinoerfolg „Good Bye, Lenin!".

Das Schweriner
Staatstheater

Clemens Meyers Buch „Unser Theater“ über die Geschichte des Schweriner Staatstheaters.

Im Jahr 1753 gründet Conrad Ekhof in Schwerin die erste deutsche Ausbildungsstätte für den Schauspielerberuf, die Schauspielerakademie. Der Mitstreiter Lessings ging als Vater der deutschen Schauspielkunst in die Geschichte ein. Schwerin darf neben Hamburg für sich in Anspruch nehmen, die Geburtstätte des deutschen Nationaltheaters zu sein.

Nach der November-Revolution 1918 wurde das Hoftheater zum Landestheater umbenannt. Ab 1926 hieß es dann Mecklenburgisches Staatstheater. Die Schweriner Bühne war besonders für die opulenten Opern-Aufführungen von Werken Richard Wagners in ganz Deutschland bekannt geworden. Wagner hatte zu seinen Lebzeiten eng mit dem Schweriner Staatstheater zusammengearbeitet und im Jahr 1873 während eines Schwerin-Besuchs die Verdienste um sein Werk ausdrücklich gewürdigt.

Der Musiker und Musikforscher Clemens Meyer schrieb zum 100-jährigen Geburtstag des Staatstheaters ein informatives Buch, das ausführlich über die Anhänglichkeit der Schweriner zu ihrem Theater berichtet. Meyers Buch wurde jedoch von den Nazis zensiert, von ihm aufgeführte Verdienste jüdischer Künstler wurden kurzerhand überklebt.

Erinnerungstafel an Richard Wagners Besuch in Schwerin.

Schall & Schwencke

Besonders beliebt bei unseren Eltern war ein in der Stadt gebrautes Bier: „Mensch bedenke, Schall & Schwencke ist das beste der Getränke!", hieß ein Werbeslogan, der den Gerstensaft der 1821gegründeten Schweriner Brauerei lobte. Neben den Sorten Deutsches Pilsner, Schallaner und Schweriner Schlossbräu gab es auch S&S Malzbier, das bei uns Kindern damals sehr beliebt war. Oft war die Silhouette des Schweriner Schlosses auf den Bieretiketten zu sehen.

Die Emaille-Schilder der Brauerei Schall & Schwencke waren im Stadtbild Schwerins präsent.

Bei uns Kindern war der für Schall & Schwencke arbeitende Bierwagenfahrer Wilhelm Brenning besonders beliebt. Er fiel nicht nur durch seine flotten Sprüche auf, sondern ließ junge Fahrgäste auch gern auf dem Kutschbock Platz nehmen und an seiner Fahrt durch die Schweriner Innenstadt teilnehmen. Ein großartiges Erlebnis!

Wundersame Theaterwelt

Die Bretter, die die Welt bedeuten, spielten bereits in unserer Kindheit eine große Rolle, pflegten die Schweriner doch seit Langem eine leidenschaftliche Beziehung zu ihrem Staatstheater.
Jede Familie, die auf sich hielt, ging mit den Kindern ins Theater. Jahr für Jahr bildeten sich um die Weihnachtszeit vor der Theaterkasse Menschentrauben, die Karten für das neueste Weihnachtsstück ergattern wollten.
Besonderer Beliebtheit erfreute sich bei Groß und Klein die Bühnenfassung des Kinderbuches „Peterchens Mondfahrt". Die Abenteuer des Maikäfers Herrn Sumsemann, der zusammen mit den Kindern Peter und Anneliese zum Mond fliegt, um von dort sein verloren gegangenes sechstes Beinchen zu holen, begeisterte. Das Buch mit Illustrationen von Hans Baluschek stand bei vielen Schweriner Familien im Bücherregal. Die Schweriner Bühnenfassung des Stoffes gefiel nicht nur uns jungen Zuschauern, sondern auch Eltern und Großeltern.

Schwerin

unter der Naziherrschaft

Schwerin im Dritten Reich – das ist ein widersprüchliches Geschichtskapitel. Bereits 1932 erreichte die NSDAP bei den Landtagswahlen die absolute Mehrheit, stellte die Regierung. Ab 1933 wurden Andersdenkende verfolgt und verhaftet. Der Oberbürgermeister und die Leiter öffentlicher Einrichtungen erhielten ihre Entlassungspapiere. Der NSDAP-Funktionär Friedrich Hildebrandt ließ sich zum Reichsstatthalter ernennen. 1934 wurde Schwerin zur Hauptstadt des Gaus Mecklenburg erklärt. Die NS-Machthaber wollten das Stadtbild an die damaligen Ideale einer Gau-Hauptstadt anpassen. So war eine gigantische Volksfeierstätte am Lambrechtsgrund für 20 000 Menschen vorgesehen. Eine 30 Meter breite Schneise auf dem Gebiet der heutigen Wismarschen Straße sollte bis ins Stadtzentrum führen. Die Pläne wurden bei Kriegsbeginn wegen Geldmangels verworfen.
Teile des Schweriner Bürgertums hielten einen gepflegten Abstand zum NS-Regime. So galt es in weiten Kreisen als unschicklich, in der Öffentlichkeit mit „Heil Hitler" zu grüßen, man sagte weiterhin „Guten Tag". Eine weitere Besonderheit war der Status Schwerins als Beamten-Stadt. Viele Väter waren UK gestellt und mussten nicht hinaus ins „Feld der Ehre".

Eine scheinbar heile Welt mitten im Krieg: Schweriner Familie – auch der Papa war zu Hause.

Judenverfolgung in Schwerin

Als die Nazis ihre unheilvolle Herrschaft antraten, lebten 151 Bürger jüdischen Glaubens in Schwerin, im Jahr 1936 waren es nur noch 71. Während der Pogromnacht am 9. November 1938 wurden jüdische Geschäfte wie das Kaufhaus Louis Kychenthal am Markt verwüstet. Auch die Synagoge am Schlachtermarkt wurde zerstört und bald darauf abgerissen. Beliebte jüdische Bürger wie der Arzt Dr. Rosenbaum und der Juwelier Löwenthal betrieben energisch ihre Auswanderung. Andere wurden in Auschwitz oder There-

Ein Stolperstein erinnert an NS-Opfer.

sienstadt ermordet oder wählten vor der Deportation den Freitod. Jüngst haben sich Schweriner Schüler intensiv mit dem lange verdrängten Thema beschäftigt und viele Opfer aus der Anonymität geholt. Heute erinnern in der Schweriner Innenstadt über 40 Stolpersteine des Künstlers Gunter Demnig an die Opfer der NS-Zeit.

Ein Schweriner übte Widerstand

Ein Schweriner wurde durch seine aufrechte Haltung gegen das NS-Regime zum Vorbild: Bernhard Schwentner, im Jahr 1891 in Schwerin geboren, ging in seiner Geburtsstadt zur katholischen Volksschule und legte das Abitur am städtischen Gymnasium ab. Der promovierte Doktor der Philosophie war als Vorsitzender der Priesterkonferenzen für Mecklenburg wegen seiner Geradlinigkeit weithin geachtet. Ein Gestapo-Spitzel denunzierte ihn, es kam zum Prozess. Bernhard Schwentner wurde vom Volksgerichtshof wegen Wehrkraftzersetzung zum Tode verurteilt und hingerichtet. Der Prozess war eine Farce, der Angeklagte konnte keine Mittel zu seiner Verteidigung wirksam machen. Bernhardt Schwentner hat sich der Diktatur nicht gebeugt und wird heute in der katholischen Kirche als Märtyrer verehrt.

NS-Winterhilfswerk in Schwerin.

Der Kinopalast der Illusionen

Die Schweriner gingen in den Kriegsjahren besonders gern und oft ins Kino. Im größten Lichtspieltheater der Stadt, im Capitol mit 1100 Plätzen, gab es am Wochenende die mit Spannung erwarteten Kindervorstellungen. Dort verfolgten wir begeistert Sonntag für Sonntag die Abenteuer unserer Leinwandhelden Hans Albers, Heinz Rühmann oder Harry Piel. Mit der Schauburg, dem ältesten Lichtspieltheater der Stadt, konnte Schwerin noch auf einen zweiten repräsentativen Kinobau verweisen. Sorgen um Besucher musste sich damals niemand machen. Der Kinobesuch galt als das mit Abstand beliebteste Freizeitvergnügen. Woche für Woche warteten die Schweriner ungeduldig auf die neuesten UFA-Streifen. „Vom Kampfgeschwader Lützow“ bis zur „Reise nach Tilsit“ – das vielfältige Filmangebot reichte vom Propagandafilm bis zur Liebeschnulze. Je länger der Krieg dauerte, je beliebter wurden beim Publikum Musikfilme und Komödien. Die Schlager jener Tage wurden im Kino gemacht.

Ein Querschnitt aus dem zeitgenössischen Filmangebot.

Schwerin im totalen Krieg

Am 18. Februar 1943 erklärte Reichspropagandaminister Joseph Goebbels den „totalen Krieg“, beschwor den allgemeinen Siegeswillen. Die Nachrichten, die von der Front nach Schwerin durchsickerten, wurden dagegen immer schlechter.

Zu Kriegsbeginn hatte die Mehrheit der Schweriner noch Vertrauen in die Parolen der Reichsführung, glaubte an den beschworenen „Endsieg“. Bereits mit dem Kriegseintritt der USA und der Katastrophe von Stalingrad wuchsen Zweifel und böse Vorahnungen. In den Schweriner Zeitungen häuften sich nun die Traueranzeigen mit den Überschriften „In stolzer Trauer“ und „Gefallen für Führer, Volk und Vaterland“.

Lili Marleen

Mit den einsetzenden Flächen-Bombardierungen kam für viele zur Sorge um das Überleben unserer Väter nun das Bangen um die Existenz der gesamten Familie hinzu. Der Fliegeralarm gehörte zum Alltag. Doch das schrille Geheul der Sirenen erschreckte in Schwerin kaum jemanden, zu lange hatten die alliierten Bomber einen Bogen um die Stadt gemacht. Die meisten der Schweriner „Luftschutzkeller“ waren nur umfunktionierte Kohlen- oder Kartoffelkeller und als echter Schutz vor einem Bombentreffer kaum geeignet. Ein Lied kam Tag für Tag aus den Empfängern, ging den Schwerinern bald nicht mehr aus dem Kopf: „Vor der Kaserne, vor dem großen Tor, stand eine Laterne und steht sie noch davor. So woll'n wir uns da wiederseh'n, bei der Laterne woll'n wir steh'n, wie einst, Lili Marleen ...“

Bomben fallen

Während viele andere deutsche Städte seit Jahren unter den Bomben der Alliierten zu leiden hatten, glaubte in Schwerin kaum noch jemand ernsthaft an eine Gefahr aus der Luft.

Zerstörtes Depot des Schweriner Nahverkehrs.

Von Bombensplittern zersiebter Bus in Schwerin.

Doch die Ruhe war trügerisch: Am 7. April 1945 wurde die Schweriner Feldstadt durch einen Luftangriff schwer getroffen. Am schwärzesten Tag in der Geschichte Schwerins starben 217 Menschen. Vierzig Häuser wurden vollständig zerstört. Auch der Betriebshof des Nahverkehrs in der Wallstraße war getroffen, dies führte zur kompletten Einstellung der Personenbeförderung in allen Stadtvierteln. Im Gegensatz zu anderen Städten Norddeutschlands hatten wir noch Glück im Unglück – die Stadt ging am Ende vergleichsweise unbeschadet aus dem Krieg hervor.

Chaos

Nach der Bombardierung Schwerins war der Zusammenbruch zum Greifen nah. Das Chaos nahm seinen Lauf. Zehntausende Flüchtlinge kamen in die Stadt. Nach dem Staatstheater waren nun auch alle Schweriner Lichtspielhäuser geschlossen worden, um den vielen Heimatlosen wenigstens ein provisorisches Quartier geben zu können. Doch der Ansturm der Flüchtlinge war größer als alle zur Verfügung stehenden Kapazitäten.

Letzte Kämpfe

Monatelang dienten auch die Theater, der Bahnhof, das Arsenal und das Schloss als Notunterkünfte. An unsere geliebten Kinovorstellungen war nicht mehr zu denken. „Es herrschte Chaos und Auflösung in der Stadt", erinnert sich der damalige Wehrmachtssoldat Karl Trimpe. Er war als 16-jähriger zur Wehrmacht eingezogen worden und

Jetzt mussten auch 16-jährige an die Front.

kämpfte im April 1945 im Raum Crivitz gegen die vorrückenden sowjetischen Einheiten. Das Chaos auf den Straßen nahm zu. Durch das schnelle Vorrücken der Front kam es immer häufiger zu Tieffliegerangriffen und Kampfhandlungen. „Nach schweren Kämpfen flüchteten wir schließlich mit Fischerbooten über den Schweriner See. Doch das nützte wenig. Denn auf der Schweriner Seite des Sees empfingen uns bereits die Amerikaner der 8. US-Infanteriedivision unter General Moore. Auf den Straßen der Stadt bot sich ein verheerendes Bild. Überall waren Flüchtlinge zu sehen. Dazwischen Tausende von gefangenen deutschen Soldaten, die im Freien kampieren mussten. Die Geldscheine einer geplünderten Wehrmachtskasse lagen achtlos auf dem Bürgersteig. Niemand drehte sich nach dem Geld um. Das Einzige, was zählte, war, etwas Essbares zwischen die Zähne zu kriegen. In jenen Tagen und Nächten musste so mancher Hund und so manche Katze daran glauben." Bald kursierten in Schwerin amerikanische Zeitungen mit Berichten über Hitlers Selbstmord.

Ein Flüchtlingstreck auf dem Weg durch die Schweriner Innenstadt.

Chronik

2. Mai 1945
Schwerin wird von US-amerikanischen Truppen befreit – damit ist der Zweite Weltkrieg für die Einwohner der Stadt beendet.

1. Juni 1945
Die Amerikaner werden von englischen Truppen abgelöst, die die Verwaltung Schwerins übernehmen.

1. Juli 1945
Sowjetische Truppen übernehmen die Stadt Schwerin.

9. Juli 1945
Auf Befehl der SMAD wird das Land Mecklenburg gebildet, Wilhelm Höcker (SPD) wird erster Ministerpräsident.

1. November 1945
Endlich werden die Schweriner Schulen wieder für den Unterricht geöffnet.

2. Mai 1948
Das Stadtjugendamt lädt alle Teilnehmer der Jugendaktion Pulverhof zu zwei heiteren und beschwingten Stunden ins CAPITOL ein.

10. bis 16. Mai 1949
Eine Dokumentarfilm-Festspielwoche der Gesellschaft zum Studium der Kultur der Sowjetunion findet im Lichtspielhaus Capitol statt.

8. März 1950
Aus Anlass des Internationalen Frauentages stellt die DEFA dem DFD Schwerin für eine einmalige Festaufführung im Capitol ihren neuen Film „Bürgermeister Anna" noch vor der DDR-Premiere am 24. März im Babylon in Ost-Berlin zur Verfügung.

Die letzten Opfer des Naziterrors

Es geschah am 2. Mai 1945 in Schwerin: Die Lehrerin Marianne Grunthal war mit einem Flüchtlingstreck unterwegs und erfuhr in Zippendorf die Nachricht von Hitlers Tod. Erleichtert rief sie aus: „Gott sei Dank, dann gibt es Frieden!" Für diese Worte wurde sie denunziert. Frau Grunthal, die aus Zehdenick an der Havel stammte, wurde am 2. Mai von SS-Leuten auf dem Bahnhofs-Platz gehenkt, nur eine Stunde vor dem Einmarsch der amerikanischen Truppen. Heute erinnert eine Gedenktafel an ihr Schicksal.
Mit dem Einmarsch der amerikanischen Truppen endete der Todesmarsch von 18 000 KZ-Häftlingen aus Ravensbrück vor den Toren der Stadt. Am Stadtrand von Schwerin entstanden riesige Sammelplätze für Häftlinge, Flüchtlinge, Wehrmachtssoldaten und die SS. Über 20 000 ehemalige KZ-Häftlinge sollen in Schwerin registriert worden sein. Mit der Befreiung war das Leid für viele der Frauen, Männer und Kinder nicht vorbei. Viele starben in den Wochen nach der Befreiung an den Folgen der KZ-Haft.

Gedenktafel für Marianne Grunthal.

Kaugummi und Schokolade - Die Amerikaner kommen!

Niemand der damals in Schwerin dabei war, hat wohl jemals den Anblick der ersten US-amerikanischen Soldaten vergessen. Unsere Angst vor den großen Ami-Panzern wich bald neugierigem Erstaunen. Mit Kaugummis und Schokolade machten sich die US-Besatzer schnell bei den Kindern der Stadt beliebt. Für viele von uns war es die erste Schokolade des Lebens.
Besonders die Soldaten mit schwarzer Hautfarbe – wir nannten sie „Neger", ohne dabei an ein Schimpfwort zu denken – beschenkten uns oft und freigiebig mit Süßigkeiten. Viele der Amis waren scharf auf Andenken aus der Nazizeit und so wechselte manches Abzeichen gegen Zigaretten oder Kommissbrot seinen Besitzer. Leider hatten unsere Mütter und Großmütter den meisten Nazikram wie Hitlers „Mein Kampf", Hakenkreuz-Fahne oder Spielzeug-Soldaten aus Blei oder Plastolin schon vorher entsorgt. Aber auch Mutterkreuz oder Ehrendolch ließen sich gut bei den Amerikanern eintauschen.

Bettelnde Kinder und US-Soldaten, 1945.

Grauenvolle Realität

Die US-Militärs verhängten in der Stadt ein Ausgehverbot für die Zeit von 22.00 Uhr bis 6.15 Uhr. Um die Schweriner Bevölkerung mit den Gräueltaten der Nazis zu konfrontieren, brachten die Amerikaner die Leichname ermordeter KZ-Häftlinge aus dem Konzentrationslager Wöbbelin nach Schwerin. Aktive Nazis mussten auf dem heutigen Platz der OdF Gräber ausheben. Die unbekannten Toten wurden in KZ-Kleidung und mit unverdeckten Gesichtern aufgebahrt, die Schweriner mussten an den Ermordeten vorbeigehen. Es war ein schrecklicher Anblick, den viele niemals vergessen haben.
Danach machten die Amis schell „Business as usual". Die US-Soldaten suchten Kontakt zur Schweriner Bevölkerung, im Casino und anderen Tanzlokalen der Stadt wurden bald Überstunden gemacht.

Die Russen kommen!

Nachdem die Amerikaner am 1. Juni 1945 von den Engländern abgelöst wurden, machten bald böse Gerüchte in der Stadt die Runde: Die Russen sollten in Schwerin einziehen!
Was hatten wir in den letzen Jahren nicht alles erleben müssen: Krieg und Bombenhagel, Verlust von Angehörigen, Flucht und Vertreibung. Sollte die Stadt zwei Monate nach Kriegsende doch noch an die gefürchteten Russen fallen? Tatsächlich hatten die Siegermächte Deutschland in vier Besatzungszonen geteilt. Ostdeutschland mit den Provinzen Brandenburg, Mecklenburg und Sachsen wurde zur „Sowjetischen Besatzungszone“. Die russischen Besatzer exportierten ihr Gesellschaftsmodell, wollten den „ersten sozialistischen Staat auf deutschem Boden“ schaffen. So war die Zeit der britischen Besatzung in Schwerin bald vorbei. Viele Schweriner versuchten, sich aus Angst vor den Russen in die Westzonen abzusetzen. Aber das gelang nicht allen, so wurden Tausende Flüchtlinge in Schönberg vom Militär gestoppt und in Richtung Schwerin zurückgeschickt. Am 1. Juli 1945 hieß es dann: Die Russen kommen! Während Amerikaner und Engländer nur je einen knappen Monat die Geschicke Schwerins beherrschten, sollte die neue Beatzungsmacht fast 48 Jahre in der Stadt verweilen.

Die russische Armee war im Schweriner Stadtbild für Jahrzehnte präsent: Hier ein Treffen des DDR-Ministerpräsidenten Grotewohl mit Offizieren der Garnison Schwerin.

Die russischen Soldaten brachten auch ihre Tänze mit nach Schwerin.

Die erste Zeitung erscheint

Was war nur mit den Erwachsenen los? In langen Schlangen standen die Schweriner nach der ersten Tageszeitung an. Wie gebannt starrten die Glücklichen, die ein Exemplar ergattert hatten, noch auf der Straße in die Zeitung. Der Krieg war verloren, aber das Leben ging weiter.
Am 13. Juli 1945 erschien die erste Ausgabe der in Schwerin gedruckten „Volkszeitung". Auf Seite 1 wurde über die Einsetzung der neuen Provinzial- und Landesverwaltungen berichtet. Neuer Präsident der Landesverwaltung war der Sozialdemokrat Wilhelm Höcker, der bereits von 1920 bis 1933 als Präsident des Landtages in Schwerin fungierte. Neben den Kommunisten Johannes Warnke und Gottfried Grünberg hatte auch der parteilose Kulturrat Möller die Funktion eines Vizepräsidenten der Landesverwaltung inne. Die reale Macht in Mecklenburg lag allerdings in den Händen der Sowjetischen Militäradministration. Im Befehl Nr. 5 wurde auf Seite 1 der Volkszeitung vermeldet, dass der Oberbefehlshaber der Gruppe der Sowjetischen Besatzungstruppen Marschall Schukow den Generaloberst Fedjuninski als Chef der Militäradministration des Landes Mecklenburg ernannt hatte. In einem Kommentar zum Thema der dringenden Einbringung der Ernte schrieb der Schweriner Journalist Gustav Sobottka: „... Jeder in Mecklenburg, ob Mann oder Frau muß erfinderisch sein, damit auch der letzte Halm abgeerntet und gedroschen wird und die letzte Kartoffel vom Felde kommt (...) Erntemaschinen und Pferde werden nicht ausreichen. Statt Landmaschinen wurden in den letzten Jahren Panzer gebaut (...) Wenn unsere Väter mit Sense und Dreschflegel die Ernährung des Volkes sicherstellen konnten, so wird das uns auch heute möglich sein. "

Gebäude der Volkszeitung in der Wismarschen Straße, heute Stadtbibliothek.

Lenin auf der Leinwand

Kaum waren die Kinos wieder geöffnet, staunten wir und unsere Eltern über die seltsamen Plakate in den Schaufenstern. Die russische Besatzung brachte nun gänzlich andere Filme in die Schweriner Lichtspieltheater. Am 15. November 1945 wurde im Capitol die festliche Erstaufführung des sowjetischen Filmes „Lenin im Oktober“ eingeläutet. Die Schweriner Landeszeitung schwärmte in den Kulturnotizen: „Der Film ‚Lenin im Oktober‘ verschafft uns einen Einblick in das einschneidendste Ereignis der neueren Zeit, die russische Revolution von 1917. Dieses Ereignis ist aber an einen Namen geknüpft, den ein Mann trägt von ganz ungewöhnlicher Prägung. Wir sehen ihn vor uns, als ob wir ihn greifen können. Das ist keine schauspielerische Leistung mehr. Keine künstlerische Absicht macht sich bemerkbar. Das Leben selbst baut sich auf. Der Mensch wächst aus dem Grau ungewöhnlicher Erdentage. Ein Zug strebt aus Finnland der Hauptstadt des russischen Reiches zu. Auf der Maschine befinden sich zwei Mann und dann noch einer. Ihn kennen wir, wir haben zahlreiche Bilder von ihm gesehen, Photografien, und zumindest die Reproduktionen von Gemälden, Plastiken. Es ist Wladimir Iljitsch Lenin ...“.

Kaum war der Personenkult um Hitler vorbei, mussten sich die Schweriner mit der sowjetischen Spielart dieses Phänomens auseinandersetzen. In der Folge zeigten die Kinos eine ganze Schwemme von russischen Filmen. Neben den eher öden Propaganda-Streifen gab es spannende Historien-Filme und wunderschöne Märchenfilme zu sehen, die uns begeisterten.

Propaganda-Plakat vor der Schweriner Schauburg.

Die Schule beginnt wieder

Die Schweriner Schulspeisung brachte volle Teller.

Im Herbst 1945 öffneten nun endlich wieder die Schweriner Schulen und Gymnasien ihre Pforten. Auch wenn das heute wenige Schüler verstehen – damals freuten sich die meisten von uns darauf, endlich wieder die Schulbank drücken zu dürfen. Obwohl die Nachkriegzeit entbehrungsreich und hart war, empfanden wir jene Jahre als die schönste Zeit des Lebens. Viele hatten einen großen Freundeskreis, der trotz – oder vielleicht gerade wegen – mancherlei Bedrohung wie Pech und Schwefel zusammenhielt. Bald unterrichtete an Schweriner Schulen eine junge Lehrerschaft. Bei der Einstellung der Neulehrer wurden vor allem die jüngeren Jahrgänge bevorzugt. So wurden Kandidaten, die bereits eine Berufsausbildung besaßen oder direkt aus der Kriegsgefangenschaft kamen, in Schnellkursen zu Laienlehrern und Neulehrern ausgebildet.

Schweriner ABC-Schützen bei der Einschulung.

Pionierversammlung an einer Schweriner Schule.

Das neue Schulgesetz

Im Juni 1946 wurde das Gesetz zur Demokratisierung der deutschen Schulen für die Länder der Sowjetischen Besatzungszone verabschiedet. Dies setzte grundlegende Veränderungen an Schweriner Schulen in Gang. Der Wortlaut des Gesetzes war maßgeblich von demokratischen Grundgedanken der Nachkriegszeit geprägt. Bestrebungen nach gleichen Bildungschancen für alle wurden deutlich gemacht. Mit der Einführung einer achtjährigen Grundschule wurde die Abkehr von der bisher üblichen frühen und für alle Schüler verbindlichen Leistungsauslese und Trennung in die einzelnen Schultypen vollzogen. Mit dem 7. Lebensjahr begann in Schwerin jetzt die achtjährige Grundschule für alle Kinder. Im Anschluss folgte eine 2- bis 5-jährige Berufs-, Fach- oder Oberschule als Oberstufe, die für alle Schüler Pflicht war. Zeugnisse gab es im Februar vor den Winterferien und im Juli zum Schuljahresende vor den Sommerferien. Die Note 5 auf dem Endjahreszeugnis schloss die Versetzung in die nächsthöhere Klasse aus. Dann hieß es: Sitzen geblieben!

Neuerbaute Schule in Schwerin.

Kannst du was, bist du was!

Das Schuljahr begann nun am 1. September. Neben den großen achtwöchigen Sommerferien gab es eine Woche Herbstferien im Oktober, freie Tage zwischen Weihnachten und Silvester, drei Wochen Winterferien im Februar und eine Woche Frühlingsferien im Mai.

Nach dem Unterricht gab es die Möglichkeit, in Arbeitsgemeinschaften zusätzliche Kenntnisse und Fähigkeiten zu erwerben. Arbeitsgemeinschaften gab es auf vielen Gebieten, zum Beispiel in Elektronik, Sprachen, Mathematik, Gesundheit, Biologie, Chemie, Sport und anderen. Meist wurden sie von unseren Lehrern geleitet, aber auch Eltern, Mitglieder der Patenbrigade oder Pionierleiter wurden einbezogen. Der Leitspruch lautete: „Kannst Du was, so bist Du was!" Bei allen Fortschritten waren die Bemühungen um ein eigenes sozialistisches Schulwesen langwierig: Erst ab 1. September 1959 wurde in Schwerin der Lehrplan für die zehnklassige allgemeinbildende Polytechnische Oberschule (POS) eingeführt.

Unterricht im neuen Chemie-Labor.

Eng, aber nicht ungemütlich

Angesichts der großen Zahl zugewanderter Ostflüchtlinge ging es in den Schweriner Wohnungen noch viele Jahre nach Kriegsende sehr beengt zu. Manche Familie hatte mehr oder weniger freiwillig für die Vertriebenen frei gemacht. So lebten viele von uns mit mehreren Generationen unter einem Dach. Oft wurde aus der Not eine Tugend gemacht. Man teilte sich die Besorgung der raren Lebensmittel, kochte gemeinsam und vertrieb sich die Zeit an den langen, durch häufige Stromsperren verdunkelten Abenden mit Erzählungen und Erinnerungen. So erzeugte man in den engen Behausungen einen Hauch von Gemütlichkeit.
Die Küche war in vielen Schweriner Wohnungen der zentrale Treff- und Kommunikationspunkt. Auch der Wohnungsneubau in der Stadt kam nun langsam voran. Doch noch immer kamen neue Vertriebene auf dem Schweriner Hauptbahnhof an.

Wohnküche Anno 1945.

Es ging langsam, aber stetig voran: Aufbaujahre in Schwerin.

Straßenbahnschaffnerin in Schwerin.

Ab in den Kindergarten!

Auch wenn der erste Kindergarten bereits im Jahr 1940 eröffnet wurde, so richtig in Schwung kam die Idee des Thüringers Friedrich Fröbel in Schwerin erst nach dem Krieg. Da es zu wenige männliche Arbeitskräfte gab, viele Männer waren gefallen oder noch in Kriegsgefangenschaft, wurden unsere Mütter umworben, berufstätig zu sein. Und aufgrund des akuten Männermangels hatten sie auf dem Arbeitsmarkt tatsächlich vielerlei Möglichkeiten, arbeiteten oft in traditionellen Männerberufen.

Doch wer sollte sich um uns Kinder kümmern? Bald gründeten die ersten Schweriner Betriebe eigene Kindereinrichtungen. Ehe Mutter früh zur Arbeit ging, brachte sie uns erst einmal in den Kindergarten. Dieser war nicht nur dafür da, den Müttern tagsüber die Betreuung abzunehmen, sondern galt auch als vorschulische Erziehungseinrichtung, war deshalb in der Stadtverwaltung der Abteilung für Volksbildung unterstellt. Auch für jüngere Schulkinder wurden für die Betreuung am Nachmittag Horte eingerichtet.

Schweriner Kinderheim: (Fast) Alle hatten Stalin im Blick.

Wie ein Uhrwerk

Im Kindergarten sollten unsere jüngeren Geschwister nun „zur Schulreife geführt“ werden. Der Tagesablauf war geregelt wie ein Uhrwerk. Die gemeinsamen Mahlzeiten und das Spielen gehörten ebenso dazu wie die tägliche Bettruhe, das Waschen und das Zähneputzen. Auf Sport, Bewegung an der frischen Luft und gesunde Ernährung wurde geachtet. Dies sollte dem Nervensystem und Organismus nachweislich guttun. Durch Turnübungen wurden gezielt die motorischen Fähigkeiten geschult. Auch Musikinstrumente wie Triangel, Blockflöte oder Trommel durften ausprobiert werden.

Bei allen erzieherischen Vorgaben kam das freie Spiel nicht zu kurz. Jedes Kind sollte im Kindergarten individuelle Fähigkeiten und Neigungen entwickeln. Schweriner Mädchen sollten das gleiche Selbstbewusstsein entwickeln wie die Jungen, um später auch im Berufsleben gleiche Chancen zu haben.

„Wiener Blut" und karge Zeiten

Kamen unsere Väter endlich aus der Kriegsgefangenschaft nach Hause, war es nicht immer leicht, Arbeit zu finden. Die Möglichkeiten waren begrenzt. Schwerins Wirtschaft beschränkte sich in den Nachkriegsjahren auf Handwerksbetriebe und Kleinbetriebe. Im Jahr 1947 wurden 2427 Firmen mit 5988 Beschäftigten gezählt, nur 91 der Betriebe hatten mehr als 10 Angestellte. Das größte Unternehmen Schwerins war die Torfindustrie Sander mit 322 Beschäftigten, gefolgt von der Bauhütte und der Landesdruckerei. Entsprechend problembeladen gestaltete sich die Versorgungslage der Stadt. Man musste sich oft etwas einfallen lassen. So entstand aus der

Schweriner Nachkriegsindustrie: Schuhsohlen aus Autoreifen der Wehrmacht.

Romeo und Julia – Werbe-Programm des Staatstheaters.

Umarbeitung von Heeresgut nach und nach ein florierender Industriezweig. Das kulturelle Leben Schwerins entwickelte sich dagegen erstaunlich schnell und trieb vielfältige Blüten. Das Staatstheater, das seit 1. September 1944 nur noch wenige kleine Aufführungen machen konnte, startete bereits am 29. Mai 1945 mit der Strauß-Operette „Wiener Blut". Ende August 1945 kehrte das Schauspiel mit Schillers „Kabale und Liebe" zurück, Hauptmanns „Die Ratten" und Goethes „Iphigenie" folgten. Besonders verdient machte sich der aus Bremen stammende Edgar Bennert um das Schweriner Theater. Er inszenierte in den Jahren 1945 und 1946 vier Schauspiele, stieg vom stellvertretenden Intendanten zum Intendanten auf. Bennert förderte bald den Schweriner Shakespeare-Übersetzer Rudolf Schaller, agierte auch erfolgreich als Schauspieler. Das Schweriner Staatstheater blieb, trotz mancher politischer Widerstände, dem Werk Richard Wagners treu. So inszenierte Kurt Masur als Generalmusikdirektor in Schwerin einen gefeierten „Tannhäuser". Unvergessen ist das Gastspiel des Berliner Ensembles in der Stadt. Helene Weigels Inszenierung von Brechts „Mutter Courage" wurde vom Schweriner Publikum frenetisch gefeiert.

Günter Grewolls in einer Aufführung der Fritz-Reuter-Bühne.

Günther Grewolls

Der Schweriner Günter Grewolls kam 1947 zum Staatstheater. Er begann als Schauspieler an der Fritz-Reuter-Bühne, wurde bald als Sänger in den Opernchor des Mecklenburgischen Staatstheaters aufgenommen. Später arbeitete er unter berühmten Dirigenten wie Kurt Masur und Klaus Tennstedt, lernte seine Ehefrau Erika beim Singen im Opernchor kennen. Er kann auf zahlreiche spannende Erlebnisse und Erinnerungen im Schweriner Theaterleben zurückblicken: „Die Zeit nach dem langen verheerenden Krieg war eine Zeit des Aufbruchs. Im Theater erlebten die Schweriner großartige Inszenierungen, Konzerte und Gastspiele und waren überaus dankbar. Damals merkte ich: Der Mensch lebt nicht vom Brot allein."

Kultur am Pfaffenteich

Viele unserer Eltern fragten sich im Sommer 1945: „Was ist denn nur am Pfaffenteich los?" Um dem Nazi-Gedankengut den Boden zu entziehen, hatten die West-Alliierten sämtliche bestehenden Vereine in Schwerin verboten. In die Lücke sprang im August 1945 der neu gegründete Kulturbund. Zu den prominenten Gründungsmitgliedern gehör-

Konzert im Schweriner Kulturbund am Pfaffenteich.

ten der Schweriner Domprediger Karl Kleinschmidt und die Schriftsteller Adam Scharrer und Willi Bredel.

Der Schweriner Kulturbund hatte in den ersten Jahren eine herausragende, überregionale Bedeutung. Der streitbare Bredel legte sich oft und gern mit dem zentralen Vorsitzenden Johannes R. Becher in Berlin an. So leistete man sich in Schwerin sogar eine eigene Kulturzeitschrift und betrieb das Haus der Kultur am Pfaffenteich, das über ein eigenes Restaurant, Konferenzräume und einen bestens ausgestatteten Konzertsaal verfügte. Bald liebten die Schweriner ihren Kulturbund, der ein Ort heißer kulturpolitischer Diskussionen wurde. Im Jahr 1945 waren bereits 5200 Schweriner als Mitglieder verzeichnet.

Nachkriegsbestseller: Anna Seghers Roman „Transit".

Schwerin im Lesefieber

Seit Anfang 1946 erlaubte die sowjetische Militäradministration die Wiedereinrichtung der von den Nazis verbotenen Volkshochschulen. Bereits am 26. Mai 1946 fand die Neueröffnung der Schweriner Volkshochschule unter Leitung des Schriftstellers Ehm Welk statt. Zunächst lag der Schwerpunkt auf betrieblicher Fortbildung und studienvorbereitenden Kursen. Der Andrang war groß, bereits 1949 gab es 9700 Kursteilnehmer. Bei vielen unserer Eltern gab es einen ungeheuren Nachholbedarf an Bildung und Weiterbildung.

Der Schriftsteller Kurt Tucholsky soll in den 30er Jahren einmal gesagt haben: „Wenn Du nichts in Schwerin zu tun hast, dann fahre drum herum." Hätte er Schwerin nun erlebt, wäre seine Meinung eine andere gewesen. Bücher der einst von den Nazis verfemten Autoren wurden in den Bibliotheken Schwerins nun viel gelesen. Ob Anna Seghers, Kurt Tucholsky, Erich Kästner oder Ernest Hemingway – eine neue Leselust hatte die Schweriner ergriffen.

Ehm Welk.

Wer war Ehm Welk?

Ehm Welk hieß eigentlich Emil Welk und war ein deutscher Journalist und Schriftsteller, der vor allem durch sein Buch „Die Heiden von Kummerow" bekannt wurde.
Nach 1945 unterbrach er für einige Jahre seine literarische Laufbahn. Er gründete in Mecklenburg sechs Volkshochschulen, wurde im Jahr 1946 Direktor der Volkshochschule in Schwerin.
Im Jahr 1950 zog er von Schwerin nach Bad Doberan und wandte sich wieder dem Schreiben zu. Heute trägt die Schweriner Volkshochschule seinen Namen. Welk wurde Ehrenbürger der Städte Bad Doberan und Angermünde. 1956 wurde er Ehrendoktor und 1964 Professor an der philosophischen Fakultät der Universität Greifswald. Er starb 1966 in Bad Doberan.

Schweriner Stadtgespräche

Mit dem Kino-Film „Die Mörder sind unter uns" brachte der Regisseur Wolfgang Staudte den ersten kritischen Film über das Dritte Reich in die Schweriner Kinos. Hildegard Knef spielte Susanne Wallner, eine junge Fotografin, die 1945 aus dem Konzentrationslager nach Berlin zurückkehrt. Hier lebt seit Kurzem der aus dem Krieg heimgekommene Chirurg Mertens, der seine furchtbaren Kriegserinnerungen mit Alkohol zu verdrängen sucht. Die beiden arrangieren sich, und mit

Beliebter Jugendtreff: Das Capitol.

Susannes Hilfe findet Dr. Mertens langsam wieder zu sich selbst.
Da begegnet ihm sein ehemaliger Hauptmann Brückner, nun ein aalglatter Geschäftsmann, dem es egal ist, ob er aus Stahlhelmen Kochtöpfe macht oder umgekehrt. Mertens' Gewissen rebelliert und am Weihnachtsabend 1945 will er Sühne fordern für ein von Brückner drei Jahre zuvor im Osten befohlenes Massaker an Frauen, Kindern und Männern. Im letzten Moment kann Susanne ihn davon überzeugen, dass die Vergeltung solcher Schuld keine Privatangelegenheit ist, sondern dass Kriegsverbrecher vor ein Gericht gehören. Vor allem die schauspielerische Leistung der jungen Hildegard Knef begeisterte die Schweriner und wir strömten in Scharen ins Capitol.

Kalter Krieg und Schwarzer Markt

Je weiter der fortschreitende „Kalte Krieg" Deutschland spaltete, je enger rückten in Schwerin unsere Familien und Freunde zusammen. Während im Westen die Währungsreform über Nacht die Schaufenster füllte, brachte die Planwirtschaft im Osten keine schnelle Verbesserung der Versorgungslage. So war Eigeninitiative weiterhin gefragt. Jeder noch so kleine Fleck Erde wurde zum Gemüsebeet oder Kartoffelacker gemacht. Unsere Väter und Mütter mussten umsichtig und erfindungsreich sein, um unseren großen Hunger zu stillen. Und gab es mal wieder keine Milch im Laden, wurde direkt beim Bauern nachgefragt. Tauschgeschäfte auf dem Schwarzen Markt waren offiziell verboten, aber unumgänglich.

Schweriner Großdemonstration im Jahr 1948.

Großdemonstrationen

Die Diskussionen über die gravierenden politischen und sozialen Veränderungen konnten wir nun auch regelmäßig im Schweriner Stadtbild erleben. Großdemonstrationen brachten auf dem Marktplatz und auf dem Alten Garten Zehntausende Teilnehmer auf die Beine. Dabei wurde nicht nur stur geradeaus marschiert, sondern Gesang und Tanz wurden großgeschrieben. So gab es für uns als Zaungäste der Spektakel immer etwas zum Sehen und Staunen, auch wenn wir die politischen Hintergründe nur selten verstanden.

Kinder-Tanzgruppe in Schwerin.

Der 17. Juni 1953

Massenstreiks und Demonstrationen gegen die Erhöhung der Arbeitsnormen ohne Lohnausgleich mündeten am 17. Juni 1953 in einen spontanen Arbeiteraufstand gegen das SED-Regime, der von Ost-Berlin aus schnell auf das gesamte Gebiet der DDR übergriff.

Bald wurden Forderungen nach freien Wahlen und der Absetzung der Regierung auch in Schwerin laut. Zu groß waren zuvor die stalinistischen Eingriffe gewesen, um eine Diktatur nach sowjetischem Muster zu etablieren. Zentralistisches Hineinregieren verschaffte Mecklenburg kaum Spielraum, um die bestehenden wirtschaftlichen Schwierigkeiten und Mängel zu beseitigen. Die Folgen der Zwangskollektivierung untergruben die Leistungsfähigkeit in der Landwirtschaft. An der Schweriner Goethe-Oberschule war es zuvor bereits zu tumultartigen Vorgängen gekommen, als vier Schüler wegen ihres Engagements bei der Jungen Gemeinde relegiert werden sollten. Unruhe und Misstrauen machten sich in der Bevölkerung breit, da wirkten die Nachrichten aus Berlin wie ein Zündfunke. Es gab Demonstrationen und Streiks, doch die Erhebung wurde durch den Einsatz sowjetischer Panzer niedergeschlagen. Es kam zu standrechtlichen Erschießungen und Massenverhaftungen. In anschließenden Schau-Prozessen wurden in der gesamten DDR rund 1600 langjährige Haftstrafen erteilt.

Kein anderes Ereignis ist im Nachhinein von beiden deutschen Staaten so kontrovers beurteilt worden. In der Bundesrepublik wurde der „Tag der deutschen Einheit" zum Gedenk- und Feiertag erhoben. In der DDR sind die Ereignisse von den Staatsorganen zum „konterrevolutionären, faschistischen Putschversuch" uminterpretiert worden. Im Volk erzählte man sich hinter vorgehaltener Hand eine andere Geschichte. Robert Havemann analysierte später treffend: „Volksmassen sind stärker als Panzer, aber nur dann, wenn sie ein klares politisches Ziel haben, das unter gegebenen Umständen überhaupt erreichbar ist, und wenn sie eine entschlossene Führung haben, der sie vertrauen. Beide Voraussetzungen waren am 17. Juni nicht erfüllt."

Ein Foto zur Erinnerung

Auch wenn die schnellen Erfolge des westdeutschen Wirtschaftswunders nicht annähernd erreicht wurden, wir merkten, dass es in und um Schwerin allmählich aufwärtsging. Allerdings gehörten die elektrische Waschmaschine, ähnlich wie Kühlschrank, Staubsauger oder Fernsehapparat noch zu den großen Wunschträumen unserer Eltern. Auch mit unserer Kleidung mussten sich die Eltern etwas einfallen lassen. Preiswerte und ansprechende Kinderkleidung war schwer im HO und Konsum zu kriegen. So griffen unsere Mütter oft zu Stoff, Nadel und Faden, schneiderten in tagelanger Heimarbeit ein schönes Kleid oder einen feinen Sonntagsanzug. Damit ging es dann in die Schweriner Innenstadt zum Fotografen. Ein Erinnerungsfoto war in jenen Jahren ein beliebtes Geschenk für Familienmitglieder.

Aus Schwerin kam mittlerweile ein Produkt, das in der ganzen DDR für Aufsehen und Käufer sorgte: Linda Neutral hieß die Waschmittelmarke aus dem Schweriner Stadtteil Zippendorf, die bei Hausfrauen und Soldaten der NVA gleichermaßen gern gesehen wurde und sich bis heute auf dem Markt bewährt.

Erinnerungsfotos waren beliebt – hier aus dem Schweriner Fotostudio Klein vom Rummelplatz.

Machte jede Kragenbinde in Sekunden wieder weiß.

Schwerin wird zur Filmstadt

Alle hatten monatelang darüber geredet. Jetzt war es endlich so weit! Fast ein Jahr hatten wir gespannt auf den ersten in Schwerin gedrehten DEFA-Film warten müssen. Am 25. Juni 1953 startete endlich die Erstaufführung des Films „Die Störenfriede".

Der erste farbige Kinderfilm der DEFA wurde an Originalschauplätzen am Pfaffenteich und in der Altstadt gedreht. Dutzende Kinder der Stadt waren an den Dreharbeiten beteiligt, auch alle Hauptdarsteller kamen aus Schwerin. „Sieh mal, unser Schulhof!", flüsterten wir uns im überfüllten großen Saal des Capitols zu und waren ganz hingerissen. Nicht nur wir Kinder, die wir unsere Heimatstadt im neuen DEFA-Film „Die Störenfriede" auf der Leinwand wiedererkannten, waren von der spannenden Handlung des Films begeistert, sondern auch der Rest der Republik.

Szenenfoto aus dem in Schwerin gedrehten DEFA-Film „Die Störenfriede".

Die Schweriner Volkszeitung schrieb damals etwas gestelzt: „So sehr ist dieser Schulhof mit seinem Getümmel, die ganze Schule mit ihrer Betriebsamkeit und besonders die Kinder typisch und bezeichnend für Tausende anderer Schulen bei uns! Ein großes Lob also für die Lebensechtheit eines Films, der sich eine neue, schwere Aufgabe gestellt hat, nämlich mit Kindern – mit Nichtkünstlern also – wahrheitsgetreu das Leben einer Pionierorganisation an der Schule darzustellen. Die Begeisterung und der herzliche Beifall der großen und kleinen Besucher dieses auch farbtechnisch ausgezeichneten Films beweisen, dass es gelungen ist."

Der Film kam so gut beim jungen Publikum an, dass ein Berliner Verlag bald zu unserer Freude eine Buchversion des Stoffes herausbrachte. Dann dauerte es nicht lange, und wir standen erneut für Premieren-Karten eines DEFA-Farbfilms an, der teilweise in Schwerin gedreht wurde: „Ernst Thälmann – Sohn seiner Klasse".

Halstuch und Jugendweihe

In den Schulen Schwerins hatte sich wieder einiges getan: Am 13. Dezember, dem alljährlichen Pioniergeburtstag, bekamen die Jüngsten von uns nun das blaue Halstuch überreicht und wurden feierlich bei den Jungen Pionieren aufgenommen.

Jugendweihe in Schwerin.

Die Mitgliedschaft bei der Pionier-Organisation war vom Statut her freiwillig. Die Initiative für die Aufnahme aller Schüler ging von der Schule aus. In der Regel stellte sich die Frage, ob jemand überhaupt Pionier werden wollte, nicht. Vielmehr musste man von sich aus aktiv werden, um nicht Mitglied zu werden.
Am ersten Pioniernachmittag lernten wir den Pioniergruß, ein Frage- und Antwort-Ritual, das von nun an täglich zu Beginn des Unterrichts praktiziert wurde: „Seid bereit!?" – „Immer bereit!" Wir sangen mit Freude Pionierlieder wie „Unser kleiner Trompeter" oder „Kleine weiße Friedenstaube". Bunte Pionierwimpel und Abzeichen waren begehrte Sammel- und Tauschobjekte. Auch der Einfluss der Freien Deutschen Jugend nahm an Schweriner Schulen zu und die Jugendweihe fand immer mehr Verbreitung. Zur Vorbereitung wurde ein Buch besonders gern gelesen: „Timur und sein Trupp" von Arkadi Gaidar.

Der Tag, an dem in Schwerin

König Fußball regierte

Vom 16. Juni bis zum 4. Juli 1954 wurde in der Schweiz die zweite Fußballweltmeisterschaft nach dem Zweiten Weltkrieg ausgetragen. Deutschland durfte zum ersten Mal nach neun Jahren wieder teilnehmen. In Schwerin saßen die Menschen gemeinsam an den Radio-Apparaten und fieberten mit. „Deutschland im Endspiel der Fußballweltmeisterschaft – das ist eine Riesensensation – das ist ein echtes Fußball-Wunder ...", eröffnete Reporter Herbert Zimmermann seine Radioreportage vom Endspiel. Die Vorzeichen standen jedoch schlecht. 3:8 gegen Ungarn spielte die deutsche Mannschaft in der Vorrunde, nach dieser haushohen Niederlage stand für die meisten Reporter fest, dass die Ungarn auch im Finalspiel als Sieger vom Platz gehen würden. Anfangs bestätigten sie im Spiel ihre Favoritenrolle.

Erst sechs Minuten vor Spielende wendete sich das Blatt: „Ungarn, hat den Ball verlo-

Stolze Weltmeister – die deutsche Fußball-Nationalmannschaft in Bern.

ren, diesmal an Schäfer. Schäfer nach innen geflankt. Kopfball – abgewehrt. Aus dem Hintergrund müsste Rahn schießen. Rahn schießt ... Toooor! Toooor! Toooor! Toooor!" Das Spiel hatte sich gewendet – nun führte Außenseiter Deutschland. Zimmermanns erlösende Schlussworte machen noch heute Gänsehaut: „Aus! Aus! Aus! Das Spiel ist aus! Deutschland ist Weltmeister. Schlägt Ungarn mit drei zu zwo Toren im Finale in Bern." Der deutsche Fußballsieg sorgte auch in Schwerin für grenzenlosen Jubel. Die Torschützen Helmuth Rahn und Max Morlock gingen mit der gesamten Mannschaft um Trainer Sepp Herberger als „Helden von Bern" in die Fußballgeschichte ein. Deutschland war Fußballweltmeister! Gefeiert wurde das von den Menschen in beiden deutschen Staaten. Auch wenn die kommunistische Führung in Ost-Berlin vor Wut fast platzte.
Es war das erste Mal, dass Deutschland Fußball-Weltmeister wurde. Der Titel verhalf den Deutschen in West und Ost endlich zum dringend benötigten Selbstbewusstsein. Nach dem Ende des Zweiten Weltkrieges und den Gräueltaten der Nazis war das Selbstwertgefühl der Menschen gebrochen. Der Kalte Krieg und die Teilung Deutschlands machten alles noch schlimmer. Endlich gab es ein Ereignis, an dem sich die Menschen aufrichten konnten. Zum ersten Mal hieß es: „Wir sind wieder wer!"

Chronik

26. Mai 1952
Der „Vertrag über die Beziehungen zwischen der Bundesrepublik Deutschland und den drei Westmächten" regelt die Gleichberechtigung der Bundesrepublik innerhalb der westeuropäischen Staaten. Die DDR beschließt eine 5 km breite Sperrzone. Über 150 000 Ostdeutsche flüchten. Auch viele Schweriner verlassen die Stadt in Richtung Westen.

19. Juli bis 3. August 1952
Bei den XV. Olympischen Sommerspielen in Helsinki ist die deutsche Mannschaft nach 16-jähriger Pause wieder dabei. Es treten nur Sportler aus der Bundesrepublik an.

5. März 1953
Der Tod des sowjetischen Diktators Stalin sorgt auch in Schwerin für große Emotionen.

17. Juni 1953
Der Arbeiteraufstand gegen das SED-Regime schwappt über nach Schwerin. Doch anders als in Rostock und Wismar gibt es hier keine Streiks.

4. Juli 1954
Die bundesdeutsche Mannschaft wird in Bern Fußballweltmeister und sorgt damit in Schwerin für großen Jubel.

9. Mai 1955
Die Bundesrepublik erhält von den Alliierten ihre Souveränität offiziell verbrieft und wird NATO-Mitglied. Damit wird ein klares und eindeutiges Zeichen für die Integration in den „demokratischen, freien" Westen gesetzt.

14. Mai 1955
Als Reaktion auf das westliche Bündnis schließen sich die sozialistischen Länder einschließlich der DDR zum Warschauer Pakt zusammen.

Ein Lied auf den Lippen

Alljährlich war der 1. Juni in Schwerin ein ganz besonderer Tag. Wir feierten nämlich unseren eigenen Feiertag! Im Westen kaum bekannt und gesellschaftlich nicht verankert, war der Kindertag im Osten ein herausragendes Ereignis für Kinder und Eltern. Bereits zum Frühstück wurden wir mit Gratulationen und kleinen Geschenken seitens der Eltern überrascht. Auch im Kindergarten und in der Schule wurde kräftig gefeiert. Am Nachmittag gab es Malzkaffe, Grabower Kekse und Zuckerkuchen. Danach wurde Völkerball gespielt, die älteren Jahrgänge unterhielten die Kleinen mit einem Überraschungsprogramm aus eingeübten Liedern, Sketchen, Zaubertricks und Liedern. Das Singen wurde nicht auf den Kindertag beschränkt. Täglich begann der Schulunterricht mit einem Lied auf den Lippen, traditionelles Liedgut kam hier ebenso zur Geltung wie Pionierlieder oder FDJ-Lieder jüngeren Datums.

Viel genutztes Liederbuch aus den 50er Jahren. „Hell klingt unser Lied“.

Geschichte des Kindertags

Der Kindertag ist keine Erfindung der DDR, sondern weltweit verbreitet. Als erster Staat der Moderne hatte bereits die Türkei unter Mustafa Kemal Atatürk im Jahr 1920 den „Tag des Kindes“ eingeführt. Der internationale Kindertag geht zurück auf die Weltkonferenz für das Wohlergehen der Kinder, zu der im August 1925 Vertreter aus 54 Staaten in Genf zusammenkamen und eine Erklärung zum Schutze der Kinder verabschiedeten. Im Anschluss führten viele Regierungen einen Kindertag ein. Damit sollte ein weltweites Zeichen für Kinderrechte gesetzt werden. In der DDR wurde der Kindertag im Jahr 1950 eingeführt.

Clemens Meyer

wird Ehrenbürger der Stadt

Er war kein gebürtiger Schweriner, hat aber die wichtigste Zeit seines Lebens hier verbracht: Der Musiker und Musikforscher Clemens Meyer. Von 1893 bis 1933 war er Solist der Schweriner Hofkapelle, die 1926 in Mecklenburgische Staatskapelle Schwerin umbenannt wurde. In den Sommerferien musizierte er regelmäßig im Orchester der Bayreuther Richard-Wagner-Festspiele. Gleichzeitig gehörte er dem „Schweriner Streichquartett" an, das 1858 gegründet, zu den ältesten Quartettvereinigungen Deutschlands zählte. Bereits 1903 wurde Meyer zum Kammermusiker ernannt, im Jahr 1926 erhielt er den Ehrentitel Kammervirtuose.

Clemens Meyer befasste sich neben seiner musikalischen Arbeit intensiv mit musikhistorischen Arbeiten zur Geschichte der Schweriner und Güstrower Hofkapellen. Von 1906 bis 1956 war er Kustos der Musikaliensammlung der Mecklenburgischen Landesbibliothek Schwerin, deren Aufarbeitung und Katalogisierung zu seinen größten Verdiensten gehört. Die Universität Rostock ernannte ihn 1948 zum Ehrenmitglied des Musikwissenschaftlichen Instituts. 1953 wurde er Ehrenmitglied der Mecklenburgischen Staatskapelle. Anlässlich seines 90. Geburtstags erhielt er 1958 den Titel „Professor für musikalisches Schaffen" und wurde zum Ehrenbürger Schwerins ernannt.

Unermüdlicher Musikforscher: Clemems Meyer – hier im Mantel in der unbeheizten Schweriner Landesbibliothek im Jahr 1948.

Pst!

Die neuen Röhrenempfänger mit der Ultrakurzwelle UKW waren in Schwerin, ja überall, überaus populär. Unsere Eltern wollten sich unbedingt einen modernen UKW-Empfänger kaufen, auch wenn der Anschaffungspreis ein bis zwei Monatslöhnen entsprach. Doch Geld allein genügte nicht, man musste auch wissen, wann und wo die begehrten Geräte erhältlich waren, manchmal auch unter der Hand oder unterm Ladentisch. Hatte es dann endlich geklappt mit dem Kauf, schauten wir auf das geheimnisvoll leuchtende „Magische Auge“ der Abstimmanzeige des neuen Rundfunkempfängers.

Die täglichen Radio-Nachrichten aus dem Westen waren für viele unserer Eltern die wichtigste Informationsquelle – schnell, unabhängig und freier als alles, was in den staatlich kontrollierten Tageszeitungen der DDR stand. Beim täglichen abendlichen „Echo des Tages“ hatten Kinder „Sendepause“ – sprechen war verboten!

Alle hören ihn

In Schwerin wurde aber nicht nur der Westrundfunk gehört. Seit Dezember 1945 konnte der Landessender Schwerin in der Stadt und Umgebung empfangen werden. „Die einen loben ihn, die andern tadeln ihn – aber alle hören ihn“, hieß es in einem Werbeblatt im Jahr 1949. Tatsächlich wurde der Sender bei den Schwerinern immer beliebter.

Der Aufbau der Freilichtbühne im Schlosspark begann.

Die Redakteure im Neuen Funkhaus in der Schweriner Schlossgartenallee ließen sich viel einfallen, um die Schweriner am Empfänger zu halten. Besonders beliebt beim Publikum in Schwerin und Umgebung waren die großen Rundfunk-Liveübertragungen aus dem Capitol, die in Kooperation mit dem Berliner Rundfunk regelmäßig vor ausverkauftem Haus stattfanden. Im Sommer wurden auch Radio-Veranstaltungen von der neu errichteten Freilichtbühne im Schlosspark übertragen.

Beliebter Radioapparat: Der Loewe Opta.

Chronik

28. Januar 1956
Aufnahme der DDR in den Warschauer Pakt.

21. September 1956
In der Bundesrepublik läuft der Rock-'n'-Roll-Film „Außer Rand und Band" an, eine Welle von Jugendkrawallen folgt.

24. Oktober 1956
Beginn des Volksaufstandes in Ungarn. Das Volk fordert freie Wahlen, Abschaffung der Zensur, Freilassung der politischen Gefangenen, Mehrparteiensystem, Bruch mit den Stalinisten und politische und wirtschaftliche Annäherung an den Westen. Wieder wird ein Aufstand durch sowjetische Truppen blutig niedergeschlagen.

23. April 1957
Der mit dem Friedensnobelpreis ausgezeichnete Humanist und Arzt Albert Schweitzer richtet einen Appell an die Regierenden und Völker der Welt, dem Wahnsinn des Wettrüstens und der atomaren Bedrohung ein Ende zu setzen.

3. November 1957
Der erste Weltraum-Pionier, die Hündin Lajka, startet im sowjetischen „Sputnik 2" in den Weltraum und überlebt sechs Tage lang in Schwerelosigkeit. Für die Hündin ist die Reise ein Himmelfahrtskommando – eine Rückkehr zur Erde ist nicht vorgesehen.

11. Dezember 1957
Die DDR-Regierung beschließt ein neues Passgesetz, um die Zahl der Westreisen zu reduzieren. Republikflucht wird kriminalisiert.

Schweriner Mädchen machen Mode.

Halbstark und Spaß dabei

Trotz der alltäglichen Sorgen gab es Woche für Woche einen großen Lichtblick: Der Schweriner Sonntag stand ganz im Zeichen der Familie. Am einzigen arbeitsfreien Tag der Woche gab es feste Rituale, denen sich alle Familienmitglieder mehr oder weniger gern und freiwillig unterordneten.
Die gemeinsame Mahlzeit im Kreise der ganzen Familie war der Höhepunkt der Woche. Im Anschluss wurde in Sonntagskleidung ein Spaziergang unternommen, der mit einem Kino-Besuch in der Schauburg oder mit einer Partie Mensch-ärgere-dich-nicht enden konnte. Unverzichtbar war auch die sonntägliche Kaffe- und Kuchenrunde im Kreise der Familie. Nachdem der Tisch abgeräumt war, blieb die ganze Familie dort sitzen. Die große Kiste mit den Brettspielen wurde hervorgeholt und das Spiel konnte beginnen!
Mit Begeisterung gingen wir auf den Rummelplatz. Neben Los- und Schießbuden war das Kettenkarussell ein beliebter Treffpunkt der Schweriner Jugend, und die Erwachsenen nannten uns jetzt „Halbstarke".

Auf Einkaufsreise

Während wir uns auf dem Schweriner Rummel amüsierten, blätterten unsere Mütter in dicken Kaufhauskatalogen. Die kamen meistens aus dem Westen und die abgebildeten Sachen waren hierzulande Mangelware. Umso interessanter war es deshalb für sie, einen Blick auf die neueste Mode zu werfen
Selbst ist die Frau! – so hieß die Devise. So kam Omas Nähmaschine zum Einsatz. Aber vorher mussten noch geeignete Stoffe besorgt werden. Die gab es selten im Konsum oder in der HO, also wartete man auf ein Paket aus dem Westen, wenn man dort Verwandtschaft hatte. Manchmal beschleunigte auch eine Einkaufsreise nach West-Berlin oder über die Westgrenze die Erfüllung der Wünsche. Doch das wurde immer schwieriger. Die Grenzkontrollen wurden verschärft. Nicht immer brachten die Schweriner die begehrten West-Waren sicher durch die Grenze. Der Tausch der ostdeutschen Mark gegen die westdeutsche DM war offiziell verboten.

BRAVO, Elvis ist gelandet!

Aus dem Westen kamen auch all die bunten Illustrierten mit hochbrisanten Modetipps in die Schweriner Haushalte: Elvistolle oder halblang? – hieß jetzt die Generalfrage der jungen Männer beim Friseurbesuch. Leider wurde die Frage von vielen Eltern ganz anders beantwortet als von uns. In der westdeutschen BRAVO, die an Schweriner Schulen verboten war, wurde Elvis Presley in einer Fortsetzungsserie vorgestellt. Natürlich war er bald als Wandschmuck über Schweriner Kinderbetten zu finden. Auch wenn Partei und Lehrer mit dem Zeigefinger vor dem vermeintlich dekadenten Einfluss des singenden Amerikaners warnten, Schmalztolle, Pferdeschwanz, Jeans und Petticoat waren für uns jetzt das Nonplusultra. „It's now or never!", sang Elvis.

Schwierige Zeiten für Schweriner Friseure und ihre Kunden: Fasson, halblang oder Schmalztolle?

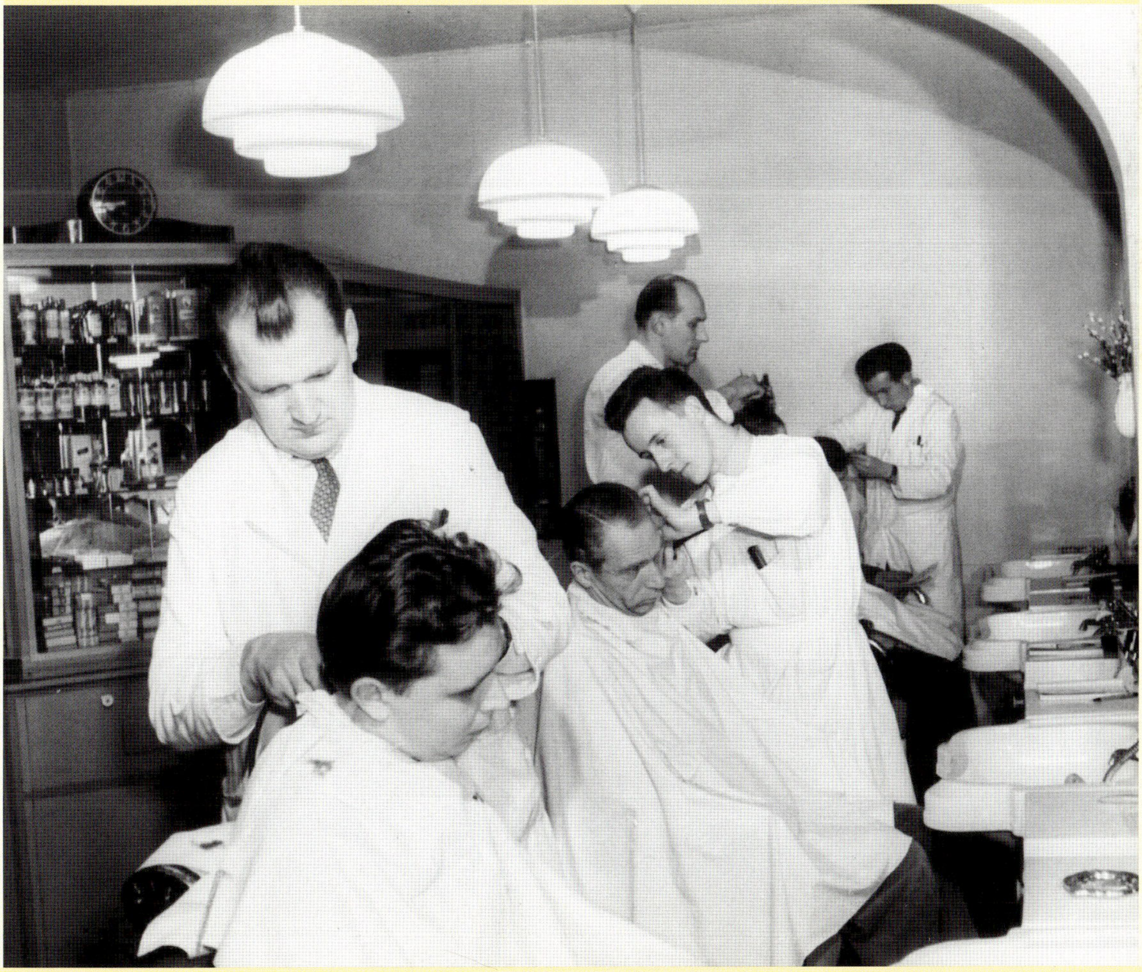

Onkel Otto und Moppel

Im Jahr 1956 entwickelten wir ein besonderes Interesse für die Tageszeitung. Der Grund waren die Comic-Strips von Walter Bedau. Er war bei Kriegsende in Schwerin gestrandet, begann hier seine Karriere als Bildredakteur, Grafiker und Zeichner für die spätere „Schweriner Volkszeitung". Seine Tageskarikaturen spiegelten das Alltagsleben in der Stadt Schwerin und auf dem Lande wieder.
Er zeichnete beliebte Comic-Strip-Serien wie „Putt und Paula", „Krischan und Knurri", „Scharf und Schnupp", „Burrmeister und Knurrmeister", „Professor Ackermann", erfand Dutzende weiterer Charaktere, die bald in ganz Ostdeutschland überaus populär wurden.
Zwei Comic-Serien, die sich mit dem Verhältnis Hund und Mensch auseinandersetzten, erlangten bei den Schwerinern besondere Beliebtheit: „Onkel Otto und Moppel" und „Krischan und sein Hund Knurri". Heute gilt Walter Bedau als Vater des DDR-Comic-Strips. Der Schweriner, der immer noch gern zu Zeichenstift und Pinsel greift, erinnert sich gern an seine Anfangszeiten: „ Ich habe schon immer gern gezeichnet. Als mir das Fotografieren zu langweilig wurde, konnte ich meine kreativen Neigungen hier voll ausleben."

Walter Bedaus Comic-Stripserie „Onkel Otto und Moppel" startete im Jahr 1956 in der Schweriner Volkszeitung.

Mit dem Luftroller am Pfaffenteich.

Gewusst wie, wo und mit wem

Aus der Not, dem geringeren materiellen Wohlstand gegenüber dem florierenden „Wirtschaftswunder" im Westen Deutschlands, machten unsere Eltern eine Tugend. Oder besser mehrere: Gemeinschaftssinn, Bescheidenheit und Nachbarschaftshilfe. Mit Fleiß, Kreativität und Einfallsreichtum gingen wir mit dem Mangel um. So konnte ein altes Kleid aus Omas Kleiderschrank durch wenige Änderungen zum neuesten Modeschrei werden. Oder ein bereits schrottreifes Motorrad kam in wochenlanger Kleinarbeit wieder zu Ehren. Eine Wegwerfmentalität konnte bei dem vorhandenen Mangel nicht entstehen. So hörten wir Kinder einen Satz, der bald zum geflügelten Wort wurde: „Beziehungen schaden nur dem, der keine hat."

Versprechungen und Versuchungen

Die fehlende Zahl von geeigneten Verkaufsstellen in Stadt und Land und der große Erfolg der Versandhäuser im Westen Deutschlands führten zum Beschluss des Ministerrats, auch in der DDR einen Versandhandel aufzubauen.
Beschwerden und Eingaben über die mangelnde Versorgung mit Butter, Fleisch, Gemüse, Obst, Kosmetikartikeln, Ersatzteilen, Metallwaren, Geschirr, Tapeten, Werkzeugen und Kinderbekleidung rissen auch in Schwerin nicht ab. Ganz zu schweigen von den Engpässen beim Angebot von Autos, Kühlschränken, Fernsehgeräten, Waschmaschinen, Luftrollern und Fahrrädern. Die angeblich so wissenschaftlichen Methoden der staatlichen Planwirtschaft stießen bei der Bedarfsbefriedigung der Bevölkerung schnell an ihre Grenzen. So hatte auch das 1956 gegründete „Versandhaus Leipzig" bald mit Lieferschwierigkeiten zu kämpfen. Trotzdem ließ man sich zu utopischen Träumen verleiten: „Bis 1961 wird Westdeutschland im Pro-Kopf-Verbrauch an Lebensmitteln und den wichtigsten Konsumgütern überholt", versprach der Katalog. Das Angebot blieb aber unkontinuierlich und schwer berechenbar.

Träume

Am schlechten Ruf des DDR-Handels änderte sich wenig. Da waren die Schweriner froh, dass sie in der Stadt über eine stattliche Anzahl privat geführter Fachgeschäfte verfügten. Deren Betreiber umgingen oft die verordneten Beschaffungswe-

Schlagerstar Freddy Quinn war auch ein Leinwandheld.

ge, ließen sich etwas einfallen, um ihre Stammkunden bei der Stange zu halten. Aber für die Modewünsche von uns Jugendlichen hatten auch diese Anbieter oft nur ein Schulterzucken übrig. So träumten wir von einem Einkauf in West-Berlin. Da sollte es die begehrten Blue Jeans in Hülle und Fülle geben.

Und alle, ob jung oder alt, träumten damals von der Ferne. Freddy Quinn sang so schön vom weißen Schiff, das nach Hongkong fuhr. Hongkong war für uns dabei mental so weit entfernt wie West-Berlin. Wer sich am Ende wirklich traute und einen verbotenen Ausflug ins Kino am Gesundbrunnen machte, konnte Freddy dann sogar in Farbe und Überlebensgröße auf der Leinwand erleben.

Abschied vom einig Vaterland?

Immer mehr wurde der Unterricht an den Schweriner Schulen nun vom Kalten Krieg geprägt. Die Schüler aller Altersstufen erfuhren etwas über den Wettkampf der Welt-Systeme und vom Anspruch der DDR, der „bessere Teil Deutschlands" zu sein. Und natürlich sollte Ost-Berlin auch die materiell besser ausgestattete Hauptstadt werden – hier lagen Anspruch und Wirklichkeit weit auseinander. Wir hörten in der Schule viel vom „großen Bruder", der Union der Sowjetrepubliken, dem Land, das angetreten war, die „fortschrittlichsten Träume der Menschheit" zu erfüllen. Die Utopien schienen schneller Wirklichkeit zu werden, als wir uns träumen ließen. Die UdSSR hatte mit Lunik 2 die erste Sonde auf dem Mond gelandet. Wissenschaft und Technik schienen allmächtig zu sein.

„Das Wissen verdoppelt sich alle sechs Jahre! Deshalb müsst ihr viel mehr lernen, als alle Schüler vor euch!", prophezeiten die Lehrer. Deshalb hatte die Volkskammer die Einführung der zehnjährigen Schulpflicht und des polytechnischen Unterrichts beschlossen. Der allgemeine Fortschrittsglaube ging einher mit einer tiefen Friedenssehnsucht. Noch waren die Narben des Krieges nicht alle verheilt. Noch sangen wir die Nationalhymne, träumten vom „Deutschland, einig Vaterland". Dabei waren die Politiker auf beiden Seiten Deutschlands bereits dabei, den Traum auf die lange Bank zu schieben.

Helden des Sports

Seitdem Gustav-Adolf Schur zum ersten Mal die Friedensfahrt gewonnen hatte, genoss das internationale Amateurradrennen zwischen Warschau, Berlin und Moskau auch in Schwerin große Popularität. Groß und Klein verfolgte Nachmittag für Nachmittag die spannenden Radioübertragungen von der Fahrt. Wir freuten uns über Etappensiege von Täve Schur und seinen Mannschaftskameraden Erich Hagen und Bernhard Eckstein. Jeder Junge, der etwas auf sich hielt, kannte Namen und Erfolgsgeschichten großer Friedensfahrtsieger wie Täve Schur, Piet Damen und Juri Melichow auswendig. Die Fahrräder wurden frisiert, mit Sportlenkern versehen und wir veranstalteten eigene kleine Friedensfahrten.

Sportunterricht wurde großgeschrieben.

Das Radrennen um den Pfaffenteich gehörte zu den Höhepunkten der Sportsaison.

Sport wurde seit jeher in Schwerin großgeschrieben. Nach dem Krieg hatte hier die Sportvereinigung „Dynamo“ den größten Zuspruch, das Dynamo-Ruderheim war überaus beliebt in der Stadt. Da der Schweriner See ideale Trainingsmöglichkeiten bot, wurde im Sportklub „Traktor“ ab 1956 eine Segel-Sektion aufgebaut. Bei „Traktor“ wurden neben den Volleyballerinnen auch die Boxer trainiert. Boxen hatte in Schwerin bereits früh einen hohen Stellenwert. Boxer wie Paul Nickel, der 1957 den Deutschen Meistertitel holte und die Bronzemedaille der Europameisterschaften gewann, waren gerade bei der Jugend überaus populär. 1957 holte die Schweriner Boxstaffel erstmals die Meisterschafts-Krone. Ein Erfolg, der sich noch oft wiederholen sollte und die Schweriner jedes Mal aufs Neue begeisterte.

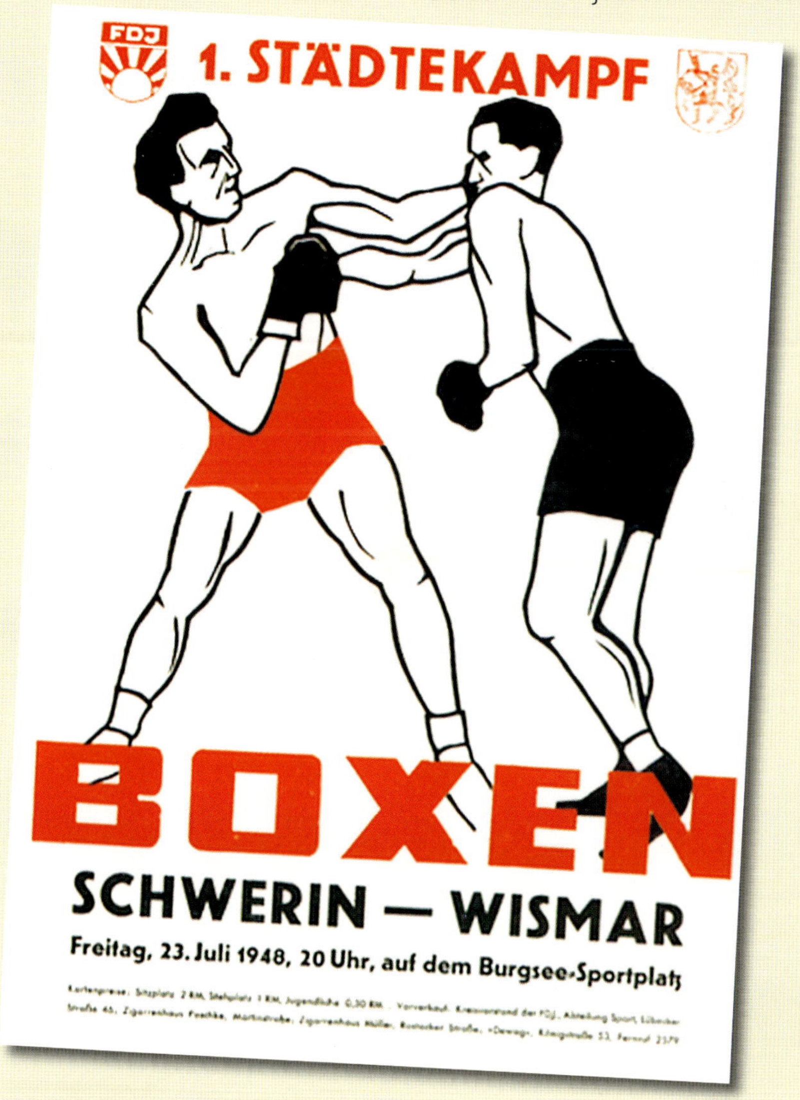

Tourismuswerbung anno 1956

„Wenn Sie lieber Gast, aus dem Westen unserer Heimat oder aus der DDR in Schwerin zu Besuch weilen, dann soll Ihnen dieses Büchlein eine bleibende Erinnerung an unsere Stadt sein. Möge das Büchlein dazu beitragen das Band zwischen Ost und West noch enger zu knüpfen", schrieb der Schweriner Oberbürgermeister Schwantz in der im Jahr 1956 erschienenen Werbebroschüre, die die touristischen Besonderheiten Schwerins ins rechte Licht stellten wollte. Hier wurde mit einigem Stolz über jüngste tourismusfördernde Errungenschaften Schwerins, wie die neue Dampferanlegestelle am Schweriner See, aber auch über etablierte Sehenswürdigkeiten wie Pfaffenteich, Staatstheater, Kulturbund und das Staatliche Museum berichtet. Der Schweriner Schlosspark hieß nun offiziell „Volkskulturpark", im Volksmund

Ein echter Publikumsmagnet: Schauboxen auf der Freilichtbühne.

blieb allerdings alles beim Alten. Viel Freude herrschte in der Stadt über das neu geschaffene Sportstadion am Lambrechtsgrund. Auch das Haus der Deutsch-Sowjetischen Freundschaft und die neu geschaffene Freilichtbühne wurden gern und oft besucht. Überaus beliebt und oft bis auf den letzten Platz ausverkauft waren auch die hochfrequentierten Tanzlokale der Stadt: Resi, Casino und Alhambra sind heute leider nur noch geschichtsträchtige Namen einer vergangenen Epoche.

Verkehrsknotenpunkt Busbahnhof.

Bunte Hefte und die Realität

Immer beliebter wurden bei uns die bunten Hefte mit den spannenden Abenteuergeschichten. Für 25 Pfennig gab es regelmäßig „Das Neue Abenteuer“ am Kiosk. Einen Groschen teurer waren die Heftchen der „Kleinen Jugendreihe" aus dem Verlag „Kultur und Fortschritt“. Kriminalistische Hochspannung versprach die Blaulicht-Reihe.
Westdeutsche Wildwest-Schmöker von Tom Mix oder Billy Jenkins gingen von Hand zu Hand. Aber auch die Abenteuer des fliegenden Reporters Harri Kander begeisterten uns. Ganz besonders verehrten wir Silberpfeil, den stolzen Indianer-Häuptling vom Stamme der Aurikanier. Er war neben Tarzan, Akim, Sigurd und Falk einer jener Comic-Helden, die vor unseren Lehrern versteckt gehalten werden mussten. Denn die Piccolo-Hefte mit den grellbunten Umschlägen gab es in Schwerin nicht zu kaufen. Sie kamen aus dem Westen, galten deshalb offiziell als „Schmutz und Schund“. Wir hatten da eine ganz andere Meinung und achteten darauf, dass uns niemand von den Aufpassern bei der Lektüre erwischte.

Mangelware Digedags

Es gab im Osten eine Comic-Serie, die alles in den Schatten stellte, was der Westen zu bieten hatte. Gegen Dig, Dag und Digedag sahen selbst Micky Maus und Fix und Foxi ziemlich alt aus.
Der einzige Nachteil, der von dem im Osten Berlins aus agierenden Zeichner Hannes Hegen erdachten Figuren war nur, dass sie sehr schwer zu kriegen waren. Das „Mosaik“ war an Schwerins Zeitungskiosken ständig vergriffen. Der Erwerb war echte Glückssache. Glück hatte, wer ein Abonnement über die Post sein Eigen nennen konnte.

Werbeanzeige für die Digedags.

Bunte Schmökerwelt: Erich Loests Erzählung.

Politik und Kunst

In der Mitte der 50er Jahre kam es zu einem Bruch innerhalb der zunächst durch die Hoffnung auf einen demokratischen Neuanfang geeinten Literaturszene der DDR. Die ersten Autoren artikulierten die Widersprüche zwischen dem eigenen Anspruch auf Freiheit des Ausdrucks und dem Bestreben der Partei, auch die Kunst in das herrschende ideologische und politische System mit einzubeziehen. Stefan Heyms Roman „5 Tage im Juni", der den Arbeiteraufstand in der DDR differenziert zu verarbeiten suchte, konnte in der DDR nicht erscheinen. Walter Janka, Chef des Aufbauverlages in Berlin, der sich während der niedergeschlagenen Konterrevolution in Ungarn 1956 für den verfolgten Literaturtheoretiker und Politiker Georg Lukács eingesetzt hatte, saß bald wegen „konterrevolutionärer Umtriebe" im Gefängnis. Der junge Schriftsteller Erich Loest wurde im selben Prozess zu sieben Jahren Haft verurteilt. Als seine ersten Kurzgeschichten in Schweriner Zeitungskiosken auslagen und von uns mit Begeisterung gelesen wurden, saß er bereits im Zuchthaus Bautzen.

Chronik

31. Januar 1958
Die USA starten ihren ersten Weltraum-Satelliten „Explorer 1". Im gleichen Jahr wird die NASA gegründet, der Wettlauf um die Eroberung des Weltalls nimmt seinen Lauf.

29. Mai 1958
In Schwerin werden die Lebensmittelkarten abgeschafft.

1. Januar 1959
Fidel Castro stürzt das Batista-Regime und übernimmt die Macht auf Kuba.

22. November 1959
Die jüngsten Schweriner freuen sich über den ersten Auftritt des Sandmännchens im DDR-Fernsehen.

4. Mai. 1960
Im CAPITOL findet eine Großveranstaltung der Sportjournalisten im DJV mit der Eisschnellläuferin Helga Haase und ihrem Ehemann und Trainer Helmut Haase statt. Helga Haase gewinnt im gleichen Jahr bei den Olympischen Winterspielen in Squaw Valley eine Gold- und eine Silbermedaille. Neben der Kapelle Heinz Schrader spielt das Horlan Trio Hits wie „Dufte ist mein Berlin" und „Lächelnd sollst Du durch das Leben gehen".

7. September 1960
Wilhelm Pieck, erster Präsident der DDR, verstirbt in Berlin.

12. September 1960
Nach dem Tod von Wilhelm Pieck wird das Amt des Präsidenten abgeschafft. Walter Ulbricht wird neuer Staatsratsvorsitzender der DDR.

Selbstbewusst: Junge Kunstradfahrerinnen aus Schwerin.

Junge Frau im Blickpunkt

Die „Frauenoffensive" forcierte in Schwerin ab 1958 die verstärkte Einbeziehung der jungen Frauen in den Arbeitsmarkt. Die Entscheidung für ein Hausfrauendasein wurde von nun an öffentlich angeprangert. Der Ausbau von Kinderbetreuungseinrichtungen und familienergänzenden Dienstleistungen wie Wäschereien, Schneidereien und Reinigungsdienste hielt jedoch nicht Schritt, sodass sich unsere berufstätigen Mütter häufig einer massiven Doppelbelastung ausgesetzt sahen. „Die Förderung der Frau, besonders in der beruflichen Qualifizierung, ist eine gesellschaftliche und staatliche Aufgabe." So war es in der DDR-Verfassung festgeschrieben. Die Erwerbstätigkeit der Frauen war jedoch schlicht eine wirtschaftliche Notwendigkeit. Auch wenn Frauen in höheren Positionen und in der Politik kaum eine Rolle spielten, in den Schweriner Betrieben und im gesellschaftlichen Leben der Stadt waren sie allgegenwärtig. In der Folge nahmen sie eine andere soziale Stellung ein als in der Vergangenheit. Schwerins Frauen wurden selbstständiger und selbstbewusster – in vielerlei Hinsicht.

Schlange stehen für zwei Spitzenfilme

Anfang Juni 1959 starteten in den Schweriner Kinos zeitgleich zwei außergewöhnliche Spielfilme. „Das Mädchen Rosemarie" erzählte die Geschichte der westdeutschen Lebedame Rosemarie Nitribitt, die 1957 in Frankfurt am Main ermordet wurde. Zu ihren Kunden gehörten prominente Industrielle. Der Fall schlug hohe Wellen, blieb aber ungeklärt. Der Journalist Erich Kuby verarbeitete den Stoff zu einem Buch, das zu einem der umstrittensten und erfolgreichsten Filme der 50er Jahre führte. Die Doppelmoral der Wirtschaftswunder-Zeit wurde perfekt in Szene gesetzt. In der Hauptrolle überzeugte die brillante Nadja Tiller.

Filmprogramm „Sterne".

Mit dem DEFA-Film „Sterne“ brachte Konrad Wolf einen leisen, poetischen Film über die jüngste Vergangenheit auf die Leinwand. Der deutsche Unteroffizier Walter begegnet in Bulgarien der griechischen Jüdin Ruth. Zwischen beiden wächst eine hoffnungslose Liebe. Walter, als Zeichner eher an Kunst als an Politik interessiert, muss schmerzhaft erkennen, an welchen Verbrechen er mitschuldig ist. Ruths Deportation nach Auschwitz kann er nicht verhindern. Sterne ist einer der stärksten Filme des DDR-Kinos, erhielt Preise auf internationalen Festivals in Edinburgh, Wien und Cannes. Beide Filme wurden in Schwerin große Publikumserfolge.

Eine Stadt mit Zukunft

In Schwerin gab es am Ende der 50er Jahre vielerlei berufliche Möglichkeiten. Die Bezirksstadt erlebte einen bis dahin nicht erlebten wirtschaftlichen und kulturellen Aufschwung.
Wen die politischen Bedingungen nicht störten, der fand seinen Platz. Andere gingen in den Westen, noch war die grüne Grenze ja offen und die Mauer nur ein Plan in den Köpfen von Walter Ulbricht und seinen Genossen. Für die meisten von uns war Schwerin in jenen Tagen jedoch eine Stadt mit Perspektive, in der wir gern unsere Zukunft verbringen wollten.
Der Wohnungsbau kam langsam, aber kontinuierlich voran. Auch die wachsende Industrialisierung war spürbar und erleichterte schrittweise die Arbeits- und Lebensumstände der Schweriner. Die Zahl der neugeborenen Einwohner der Stadt stieg von Jahr zu Jahr. Es fühlte sich an, als hätten alle etwas von der Entwicklung. Ideologische Schranken und staatliche Einschränkungen erschienen als kleineres Übel gegenüber der wunderbaren, traumhaften Lage unserer Stadt und der Bodenständigkeit ihrer Menschen. Ja – wir liebten Schwerin aus ganzem Herzen. Und das tun wir auch heute.

Schwerin im Jahr 1960: Junges Glück im Park.